598 P

Le Harfang
des neiges

Collection Avifaune

Le Harfang des neiges

Jean Paquin et Normand David

Centre de conservation de la faune ailée de Montréal
1993

Collection Avifaune : numéro un

Photographie de la page couverture :
Marc-André Bélanger

Photographie de la page couverture arrière :
Pierre Brasseur

Conception graphique et mise en page :
Jean Paquin et Normand David

Éditeur :
Centre de conservation de la faune ailée de Montréal
C.P. 14, Succursale Anjou, Montréal Qc H1K 4G5
téléphone : (514) 351-5496 ; télécopieur : (514) 351-6134

Fondé en 1981 lors de l'aménagement d'un pavillon ornithologique à Terre des Hommes, le Centre de conservation de la faune ailée de Montréal s'est transformé au point de devenir aujourd'hui le principal distributeur canadien de matériel de sciences naturelles ; en plus de servir le public, le Centre fournit ses produits aux commerces spécialisés, aux centres de jardins, aux organismes scolaires et scientifiques. Il s'est spécialisé entre autres dans la distribution de livres, d'enregistrements, de mangeoires, de grains, de jumelles… En plus d'éditer plusieurs ouvrages reliés à son domaine, il conçoit et met sur le marché des nichoirs et des mangeoires d'oiseaux.

ISBN 2-9801098-8-6

Dépôt légal : quatrième trimestre 1993
Bibliothèque nationale du Québec
Bibliothèque nationale du Canada

Imprimé au Canada

SOMMAIRE

REMERCIEMENTS

Nous tenons à remercier les personnes qui, par leur collaboration bienveillante, ont facilité la réalisation de cet ouvrage. Claude Simard, en plus d'avoir mis à notre disposition le dossier relatif au choix du harfang comme oiseau emblème du Québec, nous a aimablement permis de reproduire son texte. Michel Gosselin a exécuté le dessin au trait qui représente les plumages du harfang. Yves Aubry, Michel Lepage et Guy Fitzgerald ont communiqué une foule de renseignements utiles. Jacques Larivée, à titre de responsable de la base de données ÉPOQ (Étude des populations d'oiseaux du Québec), a fourni les informations représentées dans le chapitre traitant des invasions périodiques dans le sud du Québec. Patrice Paquin, Daniel Jauvin, Daniel Coulombe et Paul Messier ont offert des commentaires sur le manuscrit. Finalement, un grand merci à Nicole Landry pour ses nombreux encouragements et ses commentaires sur différentes versions des textes de cet ouvrage.

PROLOGUE

La nature n'a pas fini de nous étonner. Dans son évolution constante vers la perfection, elle sert à l'Homme une leçon de choses. Les êtres vivants qui la constituent cherchent à se multiplier, à se diversifier, à s'adapter, à survivre dans leur descendance.

Il arrive que l'Homme ouvre ses sens et son esprit à certains êtres auxquels la beauté et l'unicité confèrent un attrait tout particulier. L'Homme apprend à travers eux la richesse de ce qui l'entoure.

Il décide parfois de prendre pour inspiration une créature au nom évocateur; il prend même parfois pour modèle un être qui représente ses propres qualités ou ses espoirs. De là vient le symbole auquel un peuple choisit de s'identifier, l'image qu'il décide d'avoir de lui-même et qui le résume dans son temps et son espace.

C'est le miroir d'un peuple.

Nous croyons qu'il convient aujourd'hui de proposer à la collectivité québécoise une image de ce qu'il y a de positif en elle et dans laquelle elle voudra reconnaître certains de ses traits.

Nous croyons que le Harfang des neiges, symbole de l'inlassable effort de survie de notre faune contre les rigueurs du climat québécois, stimulera un sentiment positif de fierté nationale, par le parallèle évident qu'il suggère avec l'effort d'un peuple, lui aussi enraciné contre vents et marées, dans ces vastes espaces souvent inhospitaliers que nous habitons depuis des siècles.

Nous avons la conviction que l'oiseau emblème proposé par tous les ornithologues du Québec sera de nature à éveiller une plus grande partie de la population à la richesse de notre faune et à la protection de l'environnement.

CLAUDE SIMARD

◆ Hibou
ou chouette ?

L E HARFANG est-il un hibou ou une chouette ? Voilà une question souvent posée par les gens. Dans la langue courante, le terme hibou désigne un rapace nocturne muni d'aigrettes, tandis que le mot chouette fait référence à celui qui en est dépourvu. Mais avec ce vocabulaire réduit, qui exprime des différences fondées uniquement sur l'apparence, les ornithologues ne peuvent répondre directement à cette question.

Pour les ornithologues, les rapaces nocturnes du monde forment un groupe homogène d'environ 170 espèces, réunies dans l'ordre des Strigiformes. Un ordre composé de deux divisions majeures : la famille des Tytonidés (les Effraies, une quinzaine d'espèces) et la famille des Strigidés (les hiboux et les chouettes proprement dits). Pour les spécialistes, les Effraies se distinguent des autres rapaces nocturnes par une série de différences anatomiques, principalement au niveau du squelette, et elles ne sont pas munies d'aigrettes.

Toutefois, chez les Strigidés, les espèces qui portent des aigrettes* sont aussi nombreuses que celles qui n'en portent pas. Si les spécialistes n'ont pas encore réussi à déterminer avec certitude les liens exacts de parenté entre ces espèces, ils s'accordent cependant pour dire que la présence d'aigrettes n'est aucunement indicatrice d'un lien de parenté. Ainsi, tous considèrent que le Harfang des neiges, bien qu'il ne porte pas d'aigrettes apparentes, est un très proche parent des Grand-ducs (genre *Bubo*) ; toutes les espèces de ce genre, dont fait partie le Grand-duc d'Amérique (*Bubo virginianus*), portent des aigrettes fort visibles.

Mais bien qu'elles ne soient pas apparentes, le harfang porte tout de même de minuscules aigrettes qui dépassent à peine le disque facial et qu'il est possible de distinguer en certaines circonstances. Alors, le harfang serait-il un hibou ?

---

* Beaucoup de gens se demandent à quoi servent les aigrettes chez les Strigidés. Et les spécialistes aussi! En effet, aucun n'a pu fournir une explication satisfaisante de leur utilité. En fin de compte, il semblerait bien que les aigrettes que portent les hiboux soient simplement des ornements qui ne procurent aucun avantage décisif.

Une *chouette* (Chouette lapone)...

...et un *hibou* (Petit-duc maculé)

Les ornithologues répondent que le harfang est en quelque sorte un Grand-duc dépourvu d'aigrettes apparentes et adapté à vivre dans les régions arctiques. Une telle réponse reflète la rigueur des spécialistes mais ne répond pas encore à la question.

En formulant plus simplement leur réponse, les ornithologues répondraient que le harfang est un hibou... qui a l'air d'une chouette! Ce

---

Éperviers nocturnes ou engoulevents rapaces?

Les hiboux et les chouettes partagent plusieurs caractéristiques avec les rapaces diurnes (aigles, éperviers, faucons, etc.): entre autres, une ouïe et une vue particulièrement développées pour localiser les proies, des serres effilées pour les saisir mortellement et un bec puissant pour déchirer les chairs. Jusqu'à la fin du siècle dernier, les ornithologues ont toujours considéré que cette ressemblance traduisait une parenté réelle. Dans les classifications anciennes, on réunissait tous ces oiseaux dans l'ordre des Rapaces. Les aigles, les éperviers et les faucons constituaient les rapaces diurnes, tandis que les hiboux et les chouettes, les rapaces nocturnes, étaient considérés comme leurs plus proches parents.

Tout ceci a été peu à peu remis en question. Divers chercheurs ont en effet mis en lumière le fait que les engoulevents partageaient une série de ressemblances avec les hiboux et les chouettes, principalement au niveau des muscles et des organes internes. Les spécialistes s'accordent aujourd'hui pour reconnaître que les engoulevents (ordre des Caprimulgiformes) sont les plus proches parents des hiboux et des chouettes (ordre des Strigiformes).

Tandis que les engoulevents se nourrissent la nuit d'insectes capturés en vol ou au sol, les hiboux et les chouettes ont évolué parallèlement en diversifiant les composantes de leur régime alimentaire. Beaucoup de hiboux et de chouettes, surtout les espèces de petite taille comme le Petit-duc maculé, se nourrissent principalement d'insectes et ajoutent à leur menu des mammifères, des oiseaux ou des reptiles de petite taille. Quelques espèces, telles que le Grand-duc d'Amérique, consomment une grande variété de proies. D'autres ont un menu spécialisé: petits rongeurs pour la Chouette lapone, crabes et écrevisses pour le Kétoupa de Blakiston et, pour les Chouette-pêcheuses, petits poissons qu'elles capturent à la surface de l'eau comme le Balbuzard pêcheur.

n'est donc pas sans raison que les francophones d'Europe emploient l'expression *chouette blanche* pour désigner le harfang, tandis que la plupart des Québécois l'appellent le *hibou blanc*.

Pour leur part, dans toute la francophonie, les ornithologues le nomment aujourd'hui Harfang des neiges. Un nom qui lui appartient en propre puisqu'il possède un aspect suffisamment distinct pour mériter une appellation qui le différencie des autres Strigidés. Quant au terme harfang, il a été emprunté à la langue suédoise et il est utilisé en français depuis le milieu du dix-huitième siècle.

◆ Mâle
ou femelle ?

J ANVIER, PAR une belle journée froide d'hiver. Un harfang vole en douceur et vient se poser à la cime d'un orme, au milieu d'un champ. Ravissement sans pareil… souvent suivi d'une interrogation plus prosaïque : est-ce un mâle ou une femelle?

Une telle curiosité n'est cependant pas facile à satisfaire. Et non seulement la tâche est complexe, elle est même parfois carrément impossible. La difficulté vient du fait que l'épaisseur et l'abondance des petites barres sombres qui marquent le plumage des harfangs varient selon l'âge et le sexe. De façon générale, les femelles sont plus fortement marquées que les mâles, tandis que les jeunes, c'est-à-dire les oiseaux âgés de moins d'un an, sont plus fortement marqués que les adultes.

Quoiqu'il en soit, il est toujours possible de tenter sa chance et, pour y parvenir, il faudra faire un examen attentif de l'oiseau. Les indications données ci-dessous, ainsi que la clé d'identification fournie à la page 20, pourraient permettre de déterminer l'âge et le sexe de harfangs vus en nature. Mais, comme ces renseignements proviennent de l'examen de spécimens naturalisés, il faut garder à l'esprit que les conditions d'observation sur le terrain rendront impossible la détermination du sexe et de l'âge de plusieurs oiseaux.

Les taches des jeunes

Chez les jeunes âgés de moins d'un an, les moyennes et les grandes couvertures des rémiges secondaires sont marquées de marbrures sombres qui masquent le dessin des barres, en formant une tache allongée. Dans l'aile repliée d'un oiseau posé, ces plumes se retrouvent vers les côtés inférieurs du dos. Les adultes ne possèdent pas ces taches apparentes.

La distinction entre les jeunes mâles et les jeunes femelles n'est pas facile à faire sur le terrain. La plupart des jeunes femelles ont les sous-caudales et l'arrière de la tête bien marqués de barres; chez les jeunes mâles les sous-caudales sont généralement blanches et l'arrière de la tête est blanc ou légèrement barré. À titre de critère additionnel, on pourra peut-être s'en remettre à l'étendue de la bavette, c'est-à-dire

JEUNE MÂLE

MÂLE ADULTE

JEUNE FEMELLE

FEMELLE ADULTE

Clé d'identification

Une clé d'identification comme celle-ci procède par élimination et il est indispensable de l'utiliser en commençant par le premier énoncé. À chaque étape, deux choix sont proposés et un seul doit être retenu. Par exemple, si l'oiseau observé correspond à l'énoncé « 1a », la clé indique qu'il s'agit d'une «jeune femelle»; si ce n'est pas le cas, il faut éliminer cette possibilité et poursuivre avec l'énoncé « 1b », qui renvoie à la section 2. Il faudra procéder de la même façon par la suite, jusqu'à ce qu'on trouve un énoncé qui correspond à l'oiseau observé.

1a Barres présentes sur toutes les parties du plumage sauf le disque facial et les pattes .... **JEUNE FEMELLE**

1b Pas de barres sur certaines parties de la tête (autres que le disque facial) ou de la poitrine .... VOIR 2

2a Plumage tout blanc ou marqué de barres éparses et minces sur la poitrine, le dos, les ailes, la tête et /ou la queue .... **MÂLE ADULTE**

2b Barres abondantes ou modérées sur la poitrine, les ailes, la tête et/ou la queue .... VOIR 3

3a Taches ou marbrures présentes sur les couvertures moyennes ou les grandes couvertures des secondaires, ou sur les deux .... VOIR 4

3b Pas de taches ou de marbrures sur les couvertures moyennes ou les grandes couvertures des secondaires, ou sur les deux .... VOIR 5

4a Bavette blanche longue de 2 à 8 cm et arrière de la tête presque entièrement blanc .... **JEUNE MÂLE**

4b Bavette blanche, si présente, longue de moins de 4 cm et arrière de la tête presque entièrement barré .... **JEUNE FEMELLE**

5a Bavette blanche longue de 8 cm ou moins et arrière de la tête presque entièrement blanc .... **FEMELLE ADULTE**

5b Bavette blanche absente ou longue de moins de 4 cm et arrière de la tête presque entièrement barré .... VOIR 6

6a Sous-caudales marquées de plus de 6 barres.............. **JEUNE FEMELLE**

6b Sous-caudales entièrement blanches ou marquées de barres ou de taches peu nombreuses (moins de 6) .... **FEMELLE (JEUNE OU ADULTE)**

Cette clé d'identification est tirée de: JOSEPHSON, B. 1980. Aging and Sexing Snowy Owls. *J. Field Ornith.* 51:149-160.

la région de plumes blanches qui s'étend de la base du bec jusqu'aux premières barres du haut de la poitrine. Chez les jeunes femelles, la bavette est moins étendue, mesurant moins de quatre centimètres ; chez les jeunes mâles, elle mesure généralement plus de quatre centimètres (mais parfois un peu moins).

Les adultes

Les mâles adultes paraissent très blancs au premier coup d'oeil car leurs barres sont fines et peu nombreuses. En revanche, les femelles adultes sont modérément barrées. En fait, elles ressemblent plus aux jeunes mâles, mais s'en distinguent évidemment par l'absence de tache allongée aux couvertures sus-alaires.

Et la taille ?

Il est vrai qu'il existe une différence appréciable de taille entre le mâle et la femelle. Le poids des mâles varie de 1600 à 2000 grammes, tandis que celui des femelles se situe entre 1800 et 2900 grammes. En outre, la longueur moyenne des femelles atteint 65 cm, tandis que celle des mâles est d'environ 55 cm. Mais pour apprécier cette différence, il faudra voir plus d'un oiseau ensemble, ce qui ne se produit pas souvent dans des conditions idéales.

◆ L'aire de reproduction

L E HARFANG DES NEIGES niche dans les régions arctiques de
l'Amérique du Nord et de l'Eurasie. En fait, l'aire de reproduction du harfang coïncide largement avec l'aire de répartition
de deux petits mammifères, le Lemming brun (*Lemmus sibiricus*) et le
Lemming variable (*Dicrostonyx torquatus*). En raison de l'abondance
variable de ces petits rongeurs, les principales proies du harfang, la
densité des oiseaux nicheurs est loin d'être uniforme ; certaines années,
diverses portions de l'aire sont occupées par le harfang en nombre très
réduit, et en nombre beaucoup plus élevé d'autres années.

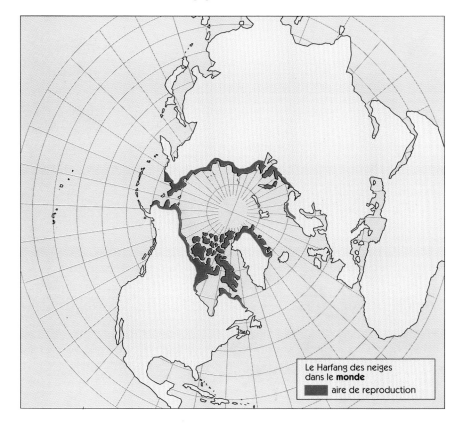

Le Harfang des neiges
dans le **monde**

aire de reproduction

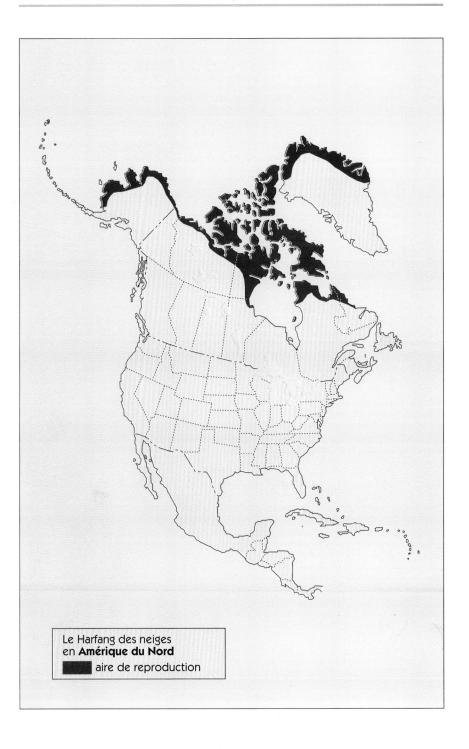

Le Harfang des neiges
en **Amérique du Nord**

aire de reproduction

Des harfangs dans le sud du Québec en été

Chez beaucoup d'espèces migratrices, certains individus ne regagnent pas leur territoire de nidification et passent l'été loin au sud de leur aire de reproduction. Il s'agit souvent d'oiseaux malades ou affaiblis, ou encore d'individus qui n'ont pas encore atteint la maturité sexuelle.

Il arrive donc que des harfangs séjournent dans le sud du Québec en été. À chaque année ou presque, quelques-uns sont observés aux îles de la Madeleine, ainsi qu'en basse Côte-Nord, surtout de Natashquan à Blanc-Sablon. La nidification du harfang dans ces régions, bien que plausible, n'a jamais été confirmée de façon probante. Partout ailleurs dans le sud du Québec, la présence du harfang en juin, juillet et août demeure exceptionnelle.

En Eurasie

En Eurasie, le harfang niche principalement dans la toundra de la Russie et de la Sibérie, de la presqu'île Kanin, à l'ouest, jusqu'au Kamtchatka, à l'est, ainsi que dans les îles côtières proches. Il se reproduit également dans le nord de la Scandinavie, en haute montagne, mais dans cette région la population est fort peu nombreuse (environ une centaine de couples). Exceptionnellement, le harfang a niché en Écosse de 1967 à 1975, ainsi qu'en Islande en 1932.

En Amérique

En Amérique, le harfang niche dans l'archipel Arctique, l'ouest et le nord de l'Alaska, le nord du Yukon, le nord du MacKenzie, le nord et l'est du Keewatin, dans l'extrême nord du Manitoba, du Québec et du Labrador, ainsi que sur les côtes nord et est du Groenland.

Au Québec, le harfang a été trouvé nicheur dans une étroite bande de territoire bordant les eaux arctiques, de la frontière du Labrador à Povungnituk, sur la côte de la baie d'Hudson. Jusqu'à présent, les cas de nidification rapportés dans cette région sont peu nombreux, ce qui serait surtout attribuable au très petit nombre de personnes qui ont eu l'occasion de s'y rendre.

◆ Revendiquer
un territoire

TERRE GELÉE et recouverte de neige pendant plus de 240 jours par année; région où la nuit dure de six à huit mois selon la latitude et où le mercure plonge jusqu'à -50 °C. Les conditions climatiques difficiles qui prévalent durant la saison hivernale dans cette contrée sont également caractérisées par de forts vents, qui amplifient l'effet du froid. À lire ceci, l'Arctique semble donc bien peu hospitalière.

Et pourtant, des milliers d'oiseaux profitent du court été arctique pour se reproduire dans la toundra. Pendant quelques mois, le soleil ne se couche jamais et, durant cette longue «journée estivale», il y règne une activité fébrile.

Caractérisée principalement par l'absence d'arbres de taille importante, la toundra s'étend de la limite des arbres jusqu'aux régions les plus septentrionales. Il s'agit là du royaume du Harfang des neiges.

Près de la mer et dans les vallées

Nichant généralement près de la mer et dans les vallées, le Harfang des neiges fréquente habituellement la basse toundra, à faible altitude, là où monticules et rochers isolés ponctuent le paysage. Autant d'éminences au sommet desquelles l'oiseau se poste à l'affût de proies, ou surveille son territoire.

Bien qu'il niche dans la toundra désertique de l'extrême Arctique, dans les régions plus méridionales de son aire de répartition estivale le harfang fréquente également les marais salés et les prés humides. Des habitats où les proies abondent dans la végétation qui couvre le sol et où les possibilités de chasses fructueuses sont nombreuses.

En fait, ce grand prédateur blanc cherche d'abord et avant tout à s'établir dans le même habitat que celui où vivent les lemmings, ces petits mammifères qui représentent l'essentiel de son menu quotidien. L'association entre le prédateur et sa proie favorite est si étroite qu'en Norvège le harfang niche en haute montagne, à plus de 1000 mètres d'altitude, c'est-à-dire le seul type d'environnement de ce pays scandinave où se rencontrent les lemmings. Il s'agit là cependant d'une exception à la règle puisque le harfang s'établit généralement à moins de 300 mètres d'altitude.

Des territoires de dimensions variables

Malgré l'apparente uniformité du paysage, les couples de harfang ne sont pas répartis uniformément dans la toundra. Certains éléments, notamment le relief et l'abondance des proies, influencent la répartition de l'espèce dans cet environnement particulier. Les rivières et les collines de moraine qui façonnent le paysage contribuent à délimiter les territoires défendus. À certains endroits, ceux-ci sont adossés à une colline et s'étendent jusqu'à la rive d'une rivière qui coule plus bas, ailleurs ils englobent les deux côtés d'un même cours d'eau.

Différentes combinaisons de facteurs influencent la taille des territoires. Ainsi, dans une vallée de l'île de Baffin dans l'Arctique canadien, on en a déjà dénombré onze, répartis sur une distance de 32 kilomètres. Le plus petit territoire couvrait à peine 1,6 km², tandis que le plus vaste s'étendait sur environ 6 km². Dans la partie centrale, le secteur où la concentration de lemmings était la plus grande, la superficie moyenne des territoires était de 2,6 km².

Des variations selon les années

L'abondance des proies ne varie pas uniquement selon les caractéristiques du terrain. Chez les lemmings, on enregistre également des variations annuelles, un phénomène qui n'est pas sans influencer la répartition des harfangs dans la toundra.

En effet, lors des années où les lemmings pullulent, les couples de harfangs occupent des territoires fort rapprochés les uns des autres. Ainsi, dans un secteur particulier de l'île Banks, dans l'Arctique canadien, on a déjà observé dix fois plus de harfangs que lors d'années de moindre abondance.

De plus, le harfang ne vient pas s'établir sur des sites où il nichait auparavant lorsque la population de lemmings atteint des niveaux extrêmement faibles.

Le début des revendications territoriales

Fin avril, début mai. La toundra est encore gelée, le sol recouvert de neige. Même si l'hiver semble encore régner dans l'Arctique, déjà les mâles commencent à revendiquer leur territoire respectif. Que ce dernier soit petit ou vaste, le mâle doit tout de même défendre ces quelques kilomètres carrés, dans lesquels il puisera toute la nourriture nécessaire pour subvenir autant à ses propres besoins qu'à ceux de la femelle et de la future nichée.

Bien qu'on note des variations selon les régions, les revendications territoriales débutent habituellement dès le début du mois de mai. Posé au sol ou sur un monticule dont le sommet n'est plus recouvert de neige, un mâle se prépare à pousser de puissants hululements. La gorge gonflée, la tête penchée vers l'avant et la queue relevée, il lance soudain les premières notes de son chant. Des vocalises qui peuvent être entendues jusqu'à dix kilomètres.

Des hululements dans la toundra

Le harfang est généralement silencieux durant la saison hivernale, mais il en va tout autrement dans son aire de nidification lorsque s'amorce la période de reproduction.

Il pousse alors des hululements semblables à ceux du Grand-duc d'Amérique. Le chant est généralement un *hou hou,* émis à deux reprises (jusqu'à six ou plus quelquefois), l'accent tonique placé sur la dernière syllabe. Il arrive aussi que le chant se résume à un *hou* simple, ou parfois répété. Bien que la femelle puisse émettre elle aussi quelques hululements en de très rares occasions, ce chant est surtout exécuté par le mâle lorsqu'il revendique un territoire. Une parcelle de toundra qu'il n'hésite d'ailleurs pas à défendre farouchement lorsqu'un autre mâle en franchit les limites.

Par ailleurs, le répertoire vocal du harfang ne comprend pas que ce hululement. Lorsqu'il est dérangé ou lorsqu'un intrus s'approche trop du nid, le mâle lance un cri ressemblant à un jappement de chien. Quant à la femelle, bien qu'elle ne chante pratiquement pas, elle possède toutefois un cri qui lui est propre. Il s'agit d'un miaulement qu'elle laisse entendre avant ou après avoir reçu de la nourriture apportée par le mâle. Elle l'émet aussi lorsqu'elle défend le site sur lequel est aménagé le nid, tout en exécutant des manoeuvres afin de détourner l'attention d'un intrus ou d'un prédateur éventuel.

◆ Ballet dans la toundra

AU LOIN, une forme blanche survole la toundra encore enneigée. Le vol ondoyant, ouaté, lumineux, évoque un énorme papillon. Il s'agit plutôt d'un Harfang des neiges, un mâle en parade qui cherche à attirer l'attention d'une femelle afin de l'inciter à s'établir dans son territoire.

Dans l'extrême Arctique, sur l'île Bathurst, les mâles commencent à courtiser les femelles dès les premiers jours du mois de mai et, pour l'observateur présent, le signe le plus apparent de ce début d'activité est certes ce déplacement fluide, particulier. Dans un vaste milieu ouvert comme celui de la toundra arctique, un oiseau de la taille d'un harfang se livrant à de telles manoeuvres aériennes est facilement observable à des distances importantes.

D'ailleurs, il n'y pas que le harfang qui tire profit de la grande visibilité offerte par la toundra. Lorsqu'arrive le moment de courtiser une femelle, plusieurs espèces d'oiseaux qui nichent à ces latitudes septentrionales exécutent des parades aériennes tout aussi élaborées.

Un vol particulier

La présence d'une femelle —repérée parfois à près d'un kilomètre de distance— suffit habituellement pour que le mâle entreprenne aussitôt ses manoeuvres aériennes. En fait, il s'agit d'un vol propre à la pariade, que le harfang exécute fréquemment au début de la saison de reproduction.

Un vol auquel le mâle se livre sans nécessairement suivre toujours le même tracé. En effet, il peut tout aussi bien s'éloigner de la femelle, se diriger vers elle, ou même passer au-dessus. La longueur du vol varie selon les conditions du terrain et la manoeuvre peut tout aussi bien être exécutée sur plus d'un kilomètre que sur à peine quelques mètres seulement.

Ce vol est caractérisé par une alternance de battements d'ailes et de planés, ce qui contribue à donner une apparence pour le moins irrégulière aux déplacements du mâle au-dessus de la toundra. Tout en volant, il cesse soudainement de battre des ailes, puis les élève jusqu'à ce qu'elles forment un «V» au-dessus du dos. Ce mouvement provoque alors une perte d'altitude, que l'oiseau doit compenser ensuite par de puissants battements afin de gagner la hauteur nécessaire pour répéter la manoeuvre.

Parvenu à la fin de son parcours, le mâle gagne graduellement de l'altitude. Il s'élève parfois jusqu'à trois mètres au-dessus du sol, puis se laisse descendre les ailes relevées en «V» au-dessus du dos, rappelant ainsi un pigeon se dirigeant vers un perchoir. Il lui arrive également de se laisser tomber à la verticale, battant légèrement des ailes au cours de la descente.

Au début de la saison de reproduction, le mâle transporte souvent un lemming dans le bec lorsqu'il parade en vol devant la femelle. Habituellement, il laisse tomber le lemming au sol en se posant près de la femelle. Parfois, mâle et femelle volent gracieusement l'un vers l'autre, s'élèvent brusquement lorsqu'ils sont près de se rencontrer, puis, soudain, le mâle allonge les pattes et place dans les serres de la femelle le lemming qu'il tenait dans les siennes.

Une grande différence de taille

Chez le Harfang des neiges, comme chez d'autres oiseaux de proie de grande taille, la femelle est plus lourde et plus grande que le mâle. Une différence importante puisqu'on a mesuré, qu'en moyenne, les femelles avaient un poids supérieur de 30 % et que leur longueur et leur envergure étaient respectivement plus grande de 12 % et 8 %.

S'il est relativement simple de mesurer ces différences, il en va tout autrement lorsque vient le moment de les expliquer. Plusieurs hypothèses ont d'ailleurs été émises par les ornithologues mais aucune réponse vraiment satisfaisante n'a encore été donnée.

Parmi les explications avancées, l'une a trait au caractère agressif des oiseaux de proie. Ainsi, des mâles plus petits représenteraient une menace moins grande pour les femelles lors des contacts physiques et des rapprochements qui surviennent lors de la formation des couples. Comme les femelles seraient plus réceptives envers les mâles de petite taille, l'évolution, selon cette théorie, aurait donc favorisé ces derniers, au détriment des mâles de grande taille.

Le ballet continue au sol

Le mâle continue à courtiser la femelle après s'être posé au sol, au sommet d'un monticule qui n'est plus recouvert de neige. Tout en marchant, il demeure très droit, les ailes partiellement déployées et les poignets tenus très haut, dans une posture qui évoque la représentation qu'on fait habituellement des anges.

Dans cette position le mâle est visible à une distance considérable. Une grande tache blanche qui scintille dans l'immensité arctique. Tout en maintenant la posture, il fait dos à la femelle, cherchant à attirer encore plus son attention. C'est habituellement à ce stade-ci de la parade que la femelle répond à l'invite du mâle. Par contre, si elle ne le rejoint pas après quelques minutes, il se dirige alors vers un autre monticule, où il ira «faire l'ange» une nouvelle fois.

Une fois la femelle posée à ses côtés, le mâle entreprend de nouveaux mouvements. Les ailes toujours maintenues bien hautes, surtout celle qui est la plus près de la femelle, il se penche vers l'avant, la tête baissée et la queue partiellement déployée. Il lui présente continuellement le dos ou le côté, comme s'il tentait de lui dissimuler le lemming qu'il a laissé tomber au sol au début de la parade.

Lorsque la femelle se montre finalement réceptive aux avances du mâle, elle le signifie en adoptant une posture particulière. Juste avant la copulation, elle relève la queue légèrement, hérisse les plumes de son corps, puis se penche vers l'avant, tout en abaissant les ailes de chaque côté du corps. Elle gardera cette position pendant un certain temps après la copulation et, parfois, le mâle continuera à parader près d'elle.

Autant avant qu'après la copulation, la femelle bouge souvent la tête latéralement, tout comme elle le fera plus tard pour demander de la nourriture au mâle, que ce soit pour s'en nourrir elle-même ou pour la donner aux jeunes qui sont au nid.

Des variantes dans la chorégraphie

Même si tout ceci correspond à ce qui se passe généralement lors de la parade, on a cependant noté certaines variantes dans le comportement du harfang. Ainsi, plutôt que de poursuivre les manoeuvres amorcées afin d'attirer l'attention de la femelle, le mâle peut tout aussi bien s'envoler subitement lorsqu'elle se pose finalement près de lui et recommencer le tout du haut d'une nouvelle scène.

Il arrive en outre que la copulation ne se produit pas même si le mâle a accompli toutes les étapes devant y conduire. On a d'ailleurs déjà observé un mâle parader pendant une trentaine de minutes, autant en vol qu'au sol sans que les oiseaux ne copulent, et la femelle le suivre à chaque fois qu'il se dirigeait vers un nouveau monticule et qu'il recommençait ses manoeuvres. À l'inverse, la copulation peut survenir avant la fin de la parade, comme en témoigne l'observation d'un mâle qui, en se posant derrière une femelle, a aussitôt entrepris de copuler avec elle.

Enfin, après la ponte du premier oeuf, les comportements des deux partenaires sont quelque peu différents. Étant donné que la copulation ne se produit pas au nid et que la femelle ne le quitte guère à partir de ce moment, les occasions de copuler deviennent alors de moins en moins nombreuses.

Dès lors, le fait que la femelle s'éloigne du nid représenterait un signal, auquel le mâle réagit en amorçant sa parade afin de l'inviter à copuler. Une fois la ponte terminée, les membres du couple ne copulent presque plus lorsque la femelle doit s'absenter du nid.

Un oiseau monogame

Comme plus de 90 % des espèces d'oiseaux, le Harfang des neiges est un oiseau monogame. Toutefois, l'observation assidue des oiseaux monogames permet de découvrir à l'occasion des comportements bien particuliers.

Ainsi, on a déjà noté à quelques reprises un harfang accouplé avec deux femelles différentes au cours d'une même saison de reproduction. Dans un cas en particulier, le mâle a participé à l'élevage de ses deux nichées et, au terme de cette saison pour le moins bien remplie, les quinze jeunes engendrés par les deux femelles ont tous quitté leur nid.

D'autre part, il arrive parfois qu'une femelle copule avec deux mâles. Dans un cas extrême, une femelle a copulé successivement avec trois mâles au cours d'une brève période de 18 jours. Les «infidélités» de la femelle, sans doute plus fréquentes que la «bigamie» chez le mâle, auront souvent pour résultat que les jeunes de sa nichée ne seront pas tous issus du même mâle.

◆ Un nid aux quatre vents

SI L'ÉTABLISSEMENT du territoire relève du mâle, c'est la femelle qui choisit l'emplacement du nid. Ainsi, peu de temps avant la ponte du premier oeuf, elle parcourt la toundra et explore le territoire revendiqué par le mâle afin de visiter des sites où elle pourra aménager le nid et pondre ses oeufs.

L'emplacement retenu par la femelle doit posséder certaines caractéristiques particulières. Il doit être situé près d'une source suffisante de nourriture, ne pas être sujet aux inondations et ne pas être recouvert de neige au début de la saison de reproduction. De cet endroit, la femelle doit jouir d'une bonne vue sur la toundra environnante lorsqu'elle incube les oeufs ou couve les jeunes.

Il n'est donc pas surprenant de constater que le nid est habituellement aménagé au sommet d'une éminence. Un monticule ou encore un gros rocher isolé dans la toundra représentent donc des sites de choix pour une femelle en quête d'un emplacement pour nicher. Ainsi surélevé, ce type d'emplacement ne permet pas à la neige et à l'humidité de s'accumuler mais, par contre, les oeufs et les jeunes seront exposés aux vents et au froid.

Il semble cependant que le froid ne soit pas un facteur important lorsque vient le moment de choisir l'emplacement du nid puisque la femelle, grâce à une plaque incubatrice* très développée, peut protéger efficacement les oeufs et les jeunes en les couvant. La facilité avec laquelle elle pourra éventuellement repérer un intrus qui s'approche du nid constitue un facteur qui semble plus important. Plus l'intrus sera aperçu de loin, plus vite elle pourra quitter le nid et tenter de l'en éloigner.

Par ailleurs, les nids sont souvent situés près d'un cours d'eau, là où on retrouve généralement beaucoup de lemmings qui s'activent dans la végétation riveraine.

---

* Surfaces de peau où le duvet tombe à l'approche de l'incubation et dont les vaisseaux capillaires se gonflent par suite d'une circulation sanguine plus active. En contact direct avec les oeufs la peau assure alors une meilleure transmission de la chaleur.

Une simple dépression dans le sol

L'emplacement du nid étant maintenant sélectionné, la femelle en assume la construction ...ou peut être devrions-nous dire plus simplement qu'elle aménage le terrain où elle pondra les oeufs. En effet, chez le harfang, le nid ne ressemble en rien à l'image habituelle d'un nid d'oiseau, soit celle d'une coupe tissée avec des brindilles et d'autres matériaux.

En fait, il s'agit plutôt d'une simple dépression que la femelle creuse dans l'herbe ou la terre, au sommet de l'emplacement qu'elle a choisi au préalable. Il lui arrive aussi de creuser plus d'une dépression, à différents endroits, avant de finalement pondre le premier oeuf.

Même si le harfang niche au sol dans une région où il y a encore de la neige lorsque la femelle commence à pondre, celle-ci n'ajoute pas de matériaux particuliers afin d'isoler adéquatement le nid du sol. La présence de plumes et de débris végétaux dans le nid relève beaucoup plus du hasard que d'une action délibérée de la femelle. Ainsi, les oeufs et les jeunes dépendent entièrement de la femelle pour leur protection contre le froid.

Des oeufs dans la neige

La femelle commence-t-elle à pondre dès que la construction du nid est terminée? On ne connaît pas l'intervalle de temps qui s'écoule entre ces deux étapes de la nidification du harfang mais il semble qu'il s'écoule peu de temps. En effet, malgré la neige toujours présente dans l'Arctique à cette période de l'année, la femelle commence à pondre entre le 10 et le 22 mai. De sorte que le dernier oeuf est habituellement pondu au début du mois de juin.

En pondant aussi tôt en saison, on pense que l'éclosion des oeufs serait synchronisée avec l'abondance saisonnière des rongeurs. Habituellement, la population de rongeurs atteint un sommet en juillet, une époque pendant laquelle les jeunes harfangs sont encore au nid. À ce moment, les harfangs doivent compter sur une grande quantité de proies afin de nourrir leurs jeunes nouvellement éclos.

De plus, la saison de reproduction du harfang est relativement longue et il ne faut pas oublier que l'été arctique, à cause de sa brièveté, ne laisse que peu de marge de manoeuvre aux oiseaux. En pondant relativement tôt, la femelle augmente donc les possibilités de succès.

Un nombre variable d'oeufs

La femelle pond les oeufs de la couvée au rythme d'un à tous les deux jours environ et, apparemment, à n'importe quel moment de la journée. De toute façon, dans l'extrême Arctique, le soleil ne se couche jamais durant l'été, qui ressemble beaucoup plus à une longue journée de quelques mois qu'à une journée mesurée en heures.

Il est toutefois difficile de définir un nombre d'oeufs normal pour une couvée de harfang ou même d'indiquer une moyenne. En effet, on peut tout aussi bien compter quatre oeufs dans un nid, que sept, neuf ou onze. Et on a même déjà rapporté la présence de seize oeufs dans un même nid !

En fait, le nombre d'oeufs varie en fonction de la nourriture disponible. Ainsi, les années pendant lesquelles les lemmings sont abondants, on a calculé que la femelle pondait de sept à neuf oeufs durant la saison. Et, lorsqu'il y a peu de lemmings, on en compte seulement de trois à cinq. Finalement, le Harfang des neiges va même jusqu'à ne pas nicher du tout lorsque la quantité de nourriture est vraiment trop faible ; dans de telles conditions, les possibilités de succès pour cette saison de reproduction seraient trop réduites.

Un mécanisme particulier

Mais comment faire pour évaluer l'abondance de lemmings puisque la neige recouvre encore le sol lorsque la femelle commence à pondre les premiers oeufs ? Existe-t-il un mécanisme qui l'amène à pondre plus d'oeufs lorsque la population de lemmings est grande ? Pour l'instant, ce phénomène demeure peu connu.

Chez certaines espèces, la qualité et la quantité de nourriture disponible provoquent des modifications physiologiques qui influencent la

Chronologie de la nidification du Harfang des neiges

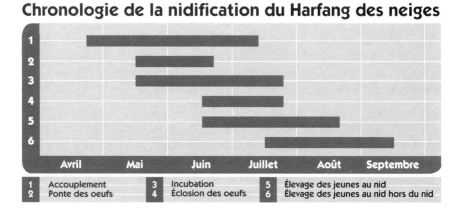

	Avril	Mai	Juin	Juillet	Août	Septembre

1 Accouplement · 3 Incubation · 5 Élevage des jeunes au nid
2 Ponte des oeufs · 4 Éclosion des oeufs · 6 Élevage des jeunes au nid hors du nid

ponte de la femelle, notamment la quantité d'oeufs pondus durant une même saison de reproduction.

Par contre, chez le harfang, certains chercheurs pensent que les lemmings apportés par le mâle lors de la cour indiqueraient à la femelle qu'il y a suffisamment de nourriture pour assurer le succès de reproduction. Comme le mâle doit transporter un lemming pour favoriser la formation du couple et ainsi permettre les premières copulations, peut être que, lors des années pendant lesquelles la nourriture est peu abondante, la copulation est moins fréquente entre les deux partenaires et que la ponte s'en trouve réduite. Ou encore, une quantité moindre de lemmings stimulerait moins la femelle à pondre, d'où une nichée moins importante.

Lorsque la nourriture est moins abondante, il semble donc que l'importante dépense énergétique nécessaire à la ponte serait ainsi évitée. Les oeufs représentent effectivement de 25 à 43 % du poids total de la femelle, ce qui constitue un ratio assez exceptionnel chez les grands hiboux et les oiseaux de proie de grande taille en général.

Une longue période d'incubation

La femelle commence à incuber dès la ponte du premier oeuf, soit vers la mi-mai. Ainsi débute la longue période d'incubation au cours de laquelle elle quittera très peu le nid. Durant ces quelques semaines, le mâle lui apportera la nourriture nécessaire à sa subsistance.

Par ailleurs, certains ont rapporté que la femelle quittait le nid plus souvent vers la fin de la période d'incubation. Un comportement qui semble toutefois varier selon les individus puisqu'on a déjà observé qu'une femelle est demeurée au nid jusqu'au départ du dernier jeune.

48

Une éclosion étendue sur plusieurs jours

Puisque la femelle commence l'incubation avant que tous les oeufs ne soient pondus, l'éclosion s'étale donc sur plusieurs jours. En moyenne, l'incubation d'un oeuf dure 32 jours et lorsque le premier oeuf commence à éclore, on assiste ensuite à une naissance à tous les deux jours. Ceci correspond au rythme auquel les oeufs ont été pondus antérieurement et donc, si un intervalle plus grand que deux jours sépare la ponte de deux oeufs, l'éclosion en sera retardée d'autant.

Tout ceci entraîne des variations dans l'âge des jeunes d'une même nichée. Avec un tel rythme, lorsque tous les oeufs sont finalement éclos, on compte un écart allant de deux à trois semaines entre l'oisillon le plus jeune et le plus vieux.

Des succès variables pour la saison

Le succès de reproduction varie grandement chez le harfang, même parmi les couples nichant dans une même région. Pour une couvée de dix oeufs, on a déjà compté seulement quatre jeunes ayant survécu jusqu'à l'envol, tandis que les onze oeufs d'une nichée voisine ont produit autant de jeunes harfangs.

Par ailleurs, lorsque les conditions sont très favorables, le taux de succès peut être très élevé, comme en témoignent ces 31 jeunes issus des 32 oeufs de quelques nids voisins d'un secteur de l'île de Baffin.

Un long labeur

La saison de reproduction du harfang est fort longue. Pour un nid de trois oeufs, on compte 38 jours entre la ponte du premier et l'éclosion du dernier (54 jours pour un nid de onze oeufs), à quoi il faut ajouter 50 jours pour le développement des jeunes. Ainsi, pour des couvées variant de trois à onze oeufs, il s'écoule entre 88 et 104 jours entre la ponte du premier oeuf et le moment où le dernier jeune acquiert sa complète indépendance des adultes. Donc, une période de trois mois à trois mois et demi, trop longue pour permettre à un couple d'élever deux nichées au cours de la même saison.

◆ Naissances en terre arctique

FIN JUIN, début juillet. La femelle poursuit inlassablement l'incubation des oeufs pondus plus tôt dans la saison. Pendant ce temps, le mâle chasse afin d'assurer sa propre subsistance et celle de la femelle retenue au nid. Malgré cette apparente continuité sans changements notables dans les activités des membres du couple, au fond du nid, par contre, commence à poindre la vie.

En effet, des fissures lézardent la coquille d'un des oeufs de la couvée. L'éclosion débute. En fait, le jeune harfang mettra une ou deux journées à briser la coquille avant de s'en libérer définitivement. Ainsi apparaît dans la toundra un oisillon humide, aveugle. Ce n'est que cinq jours après l'éclosion —et quelquefois un peu plus— que ses yeux s'ouvriront.

Les dix premiers jours, les oisillons sont recouverts d'un court duvet blanc. Il sera progressivement remplacé par un autre de couleur gris foncé, qui leur donnera une apparence totalement différente.

Semi-nidicoles, les oisillons dépendent entièrement de la femelle pour leur protection. Même si le duvet qu'ils arborent les recouvre presque complètement, tout comme chez les adultes, les jeunes ne bénéficient pas de la même protection contre le froid. La femelle doit donc couver continuellement les jeunes nouvellement nés, ainsi que les oeufs qui ne sont pas encore éclos. Et, au fil de l'éclosion des jeunes, elle poursuivra l'aménagement du nid afin que la dépression dans laquelle elle avait pondu ses oeufs soit suffisamment grande pour accueillir tous les nouveaux oisillons. En creusant la terre à l'aide de son bec, la femelle se souille la tête et celle-ci prend rapidement une coloration orangée qui rappelle la couleur de la rouille.

Une croissance rapide

Les jeunes harfangs connaissent une croissance rapide sous le soleil de l'été arctique. De 45 grammes à la naissance, ils auront un poids variant de 1,3 à 1,6 kilogramme après à peine quatre semaines.

Peu de temps après l'éclosion, la femelle commence à nourrir l'oisillon avec de la nourriture partiellement digérée. Au cours des deux premiers jours, l'alimentation du jeune est surtout composée d'organes de lemmings (coeur, foie et autres) que la femelle lui offre en petits morceaux.

Il faut attendre la cinquième journée avant de noter des changements à la nourriture consommée par les jeunes. À cet âge, certains commencent alors à s'alimenter de bouchées plus grosses, comme en témoignent les os retrouvés dans les morceaux offerts aux jeunes par la femelle. À l'âge de 10 jours, ils consomment des lemmings partiellement disséqués. Par contre, même s'ils peuvent saisir eux-mêmes la nourriture lorsqu'ils sont âgés de 14 jours, la plupart se laissent toujours nourrir par la femelle.

Pendant tout ce temps, c'est le mâle qui chasse et qui rapporte au nid la nourriture nécessaire à l'alimentation des jeunes et de la femelle. On ne connaît cependant pas la fréquence de ses visites, ni la quantité de nourriture apportée à chaque fois. Tout ce qu'on sait, c'est que la tâche de transmettre la nourriture aux jeunes revient à la femelle et que le mâle ne les nourrira que lorsqu'ils auront quitté le nid. Quant à la femelle, elle ne commencera pas à chasser tant que l'oisillon le plus jeune devra encore être couvé.

Les premiers pas des jeunes dans la toundra

Le moment où les jeunes commencent à s'aventurer hors du nid et à explorer la toundra environnante varie selon les régions. On a déjà observé des jeunes âgés d'à peine 14 jours à l'extérieur du nid, mais, règle générale, la plupart ne quittent pas le nid avant l'âge de 25 jours.

Ainsi, près de quatre semaines après l'éclosion, les jeunes harfangs commencent à faire de brèves escapades. Certains reviendront au nid une ou plusieurs fois avant de le quitter définitivement, tandis que d'autres, par contre, n'y retourneront pas après leur première sortie à l'extérieur.

Même dans la toundra, les jeunes demeurent sous la protection des parents. Ces derniers n'hésitent d'ailleurs pas à les défendre lorsqu'un danger les menace. Il s'agit qu'un Renard arctique, ou tout autre prédateur, se présente dans les parages pour qu'un des adultes exécute tout un spectacle. Feignant l'aile brisée afin de détourner l'attention de l'intrus, les adultes n'hésiteront pas à l'attaquer en plongeant vers lui, si la feinte ne suffit pas. Malgré tous leurs efforts, ils ne réussissent pas toujours à empêcher le renard de piller les oeufs ou de s'emparer des jeunes.

Dispersés dans la toundra sur une superficie d'environ un kilomètre carré, les jeunes demeurent à l'intérieur du territoire défendu par le mâle et évite d'en approcher les limites. Demeurant cachés, ils poussent des cris afin d'être repérés par le mâle. Ce dernier ne les nourrit pas directement mais laisse tomber la nourriture près d'eux en les survolant. En fait, les jeunes seront nourris entièrement par les adultes durant 35 jours après leur départ du nid, soit jusqu'à l'âge de 60 jours.

Vers une autonomie complète

Incapables de voler parfaitement avant l'âge de 50 jours, les jeunes expérimentent progressivement ce mode de déplacement en effectuant de courts vols, souvent malhabiles, qui leur permettent peu à peu d'apprivoiser cette nouvelle activité. Ce n'est qu'à l'âge d'environ 60 jours qu'ils réussiront à voler presque aussi bien que les adultes.

C'est à ce moment qu'ils commencent à chasser, mais on pense qu'ils seront nourris pendant une ou deux autres semaines car ils ne sont pas encore devenus des chasseurs accomplis. C'est à l'âge de neuf à onze semaines, soit au début de septembre, que les jeunes acquièrent leur indépendance complète des parents et qu'ils commencent à subvenir à leurs besoins, en cette fin d'été arctique.

◆ Un chasseur infatigable

DU DÉBUT de la couvaison jusqu'à l'indépendance des jeunes, vers la fin de l'été, le mâle doit consacrer beaucoup de temps à la chasse. Explorant les moindres recoins de la portion de toundra où il a établi son territoire, il recherche des lemmings ou toute autre proie afin d'assurer sa subsistance et celle de sa progéniture.

Un chasseur diurne

Prédateur redoutable, le Harfang des neiges chasse un peu à la manière des buses de grande taille, volant à faible altitude au-dessus de la toundra et faisant même du vol sur place à l'occasion. Mais la plupart du temps, il demeure perché sur un poste élevé, scrutant attentivement les environs afin de repérer une proie.

Doté d'une excellente vue et d'une ouïe fine, le harfang est bien pourvu pour localiser ses proies, que ce soit en détectant un mouvement furtif, ou encore en percevant le bruit d'un lemming qui se déplace dans la toundra. Aussitôt la proie repérée et la distance le séparant de celle-ci bien évaluée, il quitte alors son poste de guet et vole directement vers elle pour la saisir avec ses puissantes serres.

Mais il n'attaque pas nécessairement toutes les proies de cette façon, car il peut tout aussi bien les capturer en marchant dans la toundra. Il lui arrive également de se lancer à la poursuite d'un oiseau en vol.

Comme il fait continuellement jour durant l'été dans l'Arctique, le harfang chasse donc à toute heure de la journée. Cependant, on a remarqué qu'il était souvent plus actif au début et à la fin de la journée, c'est-à-dire pendant les principales périodes d'activité des lemmings et des autres petits rongeurs. Quant aux harfangs qui chassent des oiseaux près des côtes et dans les marais, ce sont de véritables chasseurs diurnes.

Beaucoup de lemmings

Dans l'ensemble de l'aire de reproduction du Harfang des neiges, ce sont les lemmings qui constituent sa principale source de nourriture.

En fait, lorsqu'on parle de lemmings on désigne ainsi de façon générale deux espèces distinctes qui vivent dans les régions nordiques: le Lemming brun et le Lemming variable.

On évalue qu'un harfang adulte consomme de trois à cinq lemmings par jour, soit de 600 à 1600 par année. Une telle quantité de lemmings représente un apport en nourriture variant de 55 à 130 kilogrammes pour toute l'année. La valeur nutritive de ces petits rongeurs est assez grande. En effet, les harfangs qui nichent dans les régions où les lemmings sont absents doivent consommer de 3000 à 5000 campagnols par année pour obtenir une quantité de nourriture équivalente.

De plus, on a calculé la quantité de nourriture consommée durant la période de reproduction, soit du début du mois de mai jusqu'au début du mois de septembre. Pendant ces quatre mois, un couple consomme de 400 à 1100 lemmings. En ajoutant ceux consommés par une nichée de neuf jeunes, on obtient une consommation totale variant de 1900 à 2600 lemmings pour toute la saison de reproduction.

Un Lemming brun

Il semble enfin que le mâle mange plus de lemmings que la femelle. Comme il doit chasser constamment pour nourrir les jeunes et la femelle, il doit compenser cette grande dépense énergétique en s'alimentant davantage.

Les atouts du prédateur

Selon certaines croyances populaires, les hiboux seraient aveuglés par la lumière du jour. Tout un handicap pour le harfang! lui qui niche dans une région où le soleil ne se couche pratiquement jamais durant l'été. En fait, les hiboux et les chouettes voient tout aussi bien le jour que la nuit.

Peu importe la quantité de lumière ambiante, ces oiseaux sont de redoutables prédateurs en raison de caractères morphologiques particuliers. Entre autres, les cellules réceptrices de la rétine sont largement constituées de bâtonnets photosensibles. Leur nombre particulièrement élevé permet aux hiboux et aux chouettes non seulement de voir dans l'obscurité, mais aussi de distinguer avec précision, en tout temps, les mouvements perçus à grande distance. Il n'y a qu'à penser qu'un Harfang des neiges peut détecter une souris qui se déplace à un kilomètre de distance!

De plus, des yeux volumineux, placés devant la tête, leur procure une vision stéréoscopique, donc une meilleure évaluation des distances. Une telle disposition restreint le champ de vision, mais ce désavantage potentiel est compensé par le fait qu'ils peuvent faire pivoter la tête en décrivant un tour presque complet.

L'ouïe joue également un rôle important dans la localisation des proies. Composés d'un agencement complexe de plumes, les disques qui entourent les yeux servent à diriger les sons vers les oreilles, situées sous ces disques. Chez certaines espèces, y compris le Harfang des neiges, la forme des pavillons et la position de l'orifice du conduit auditif sont d'une asymétrie prononcée. On croit que cette particularité permet aux oiseaux de localiser avec précision la provenance des sons captés et ainsi de déterminer la position exacte de la proie entendue.

Enfin, le plumage souple et duveteux rend le vol des hiboux et des chouettes particulièrement silencieux, ce qui leur permet de surprendre plus facilement leurs proies. Sans compter que le bord d'attaque des rémiges est pourvu d'une frange denticulée qui diminue la résistance de l'air et par le fait même le bruit des battements d'ailes.

D'autres mammifères...

Malgré l'étroite relation qui existe entre les lemmings et le Harfang des neiges, ce dernier parvient à s'alimenter suffisamment lorsque ces petits rongeurs sont moins abondants. Il niche même dans les régions où les lemmings sont totalement absents.

Il va alors se rabattre sur d'autres mammifères parmi lesquels on compte différentes espèces de campagnols et de souris, ainsi que des rats domestiques dans les régions où ceux-ci ont été introduits. Et il va même jusqu'à s'attaquer à des lièvres arctiques, une proie plutôt imposante pour lui.

...et des oiseaux au menu

Et il n'y a pas que des mammifères qui figurent au menu du Harfang des neiges puisque, dans certaines régions nordiques de la Sibérie où il n'y a pas de lemmings, il s'alimente alors d'oiseaux de mer parmi lesquels on compte différentes espèces de goélands et de sternes.

La liste des oiseaux dont se nourrit le harfang ne s'arrête pas là. En effet, il se nourrit occasionnellement de canards appartenant à différentes espèces, incluant le Canard kakawi, ainsi que l'Eider à duvet et l'Eider à tête grise, deux proies relativement grosses pour ce prédateur nordique. Parmi les autres espèces figurant au menu, on retrouve de jeunes oies, des goélands, des oiseaux de rivage, des marmettes, des guillemots, des mergules, des lagopèdes et des bruants (Bruant des neiges et Bruant lapon). Bref, toute une variété d'espèces de tailles fort différentes.

Sur l'île Agattu, située dans l'archipel des Aléoutiennes, dans le Pacifique Nord, on a profité du fait qu'aucun mammifère ne vit à cet endroit pour étudier la nourriture consommée en été par le Harfang des neiges. Dans cet environnement particulier, on a découvert qu'un petit alcidé, l'Alque à cou blanc, représentait 68,4 % de toutes les proies consommées. De plus, trois autres espèces d'alcidés comptaient pour un autre 6,5 %, tandis que le Canard arlequin et la Sarcelle à ailes vertes représentaient ensemble 13,4 % du régime alimentaire de l'oiseau, complété par des pétrels dans une proportion d'environ 6 %.

Et même des animaux morts

Enfin, contrairement aux autres hiboux, sauf peut-être des Grand-ducs appartenant aux populations les plus nordiques, le Harfang des neiges ne rate pas une occasion de se nourrir d'animaux morts. On a ainsi déjà observé des harfangs s'alimenter à même une carcasse de morse sur la banquise, loin au large, ou encore se nourrir de phoques et de renards morts.

Bref, même si le Harfang des neiges montre une préférence pour une proie particulière —les lemmings— il est parfaitement capable de se montrer fort opportuniste lorsque vient le moment de s'alimenter.

Et si les lemmings se font rares quand vient le moment d'affronter le long hiver arctique, qui s'amorce peu de temps après la saison de reproduction, il subsistera en s'alimentant des proies les plus diverses, ou encore il se verra forcer de migrer vers les régions habitées du sud du Canada, où nous pourrons l'observer à loisir tout au cours de la saison hivernale.

◆ L'aire d'hivernage

À LA LIMITE, on pourrait dire que l'aire occupée par le harfang en hiver n'est jamais la même d'une année à l'autre. S'il hiverne principalement au sud des régions où il fait constamment nuit, certaines années une bonne proportion des individus ne s'éloigne guère de l'aire de reproduction et seulement un petit nombre d'oiseaux se déplacent vers le sud. Par contre, d'autres années, c'est une bonne proportion de la population qui se rend loin au sud de l'aire de reproduction. Avec de telles fluctuations, la cartographie de l'aire d'hivernage du harfang demeurera toujours relativement imprécise.

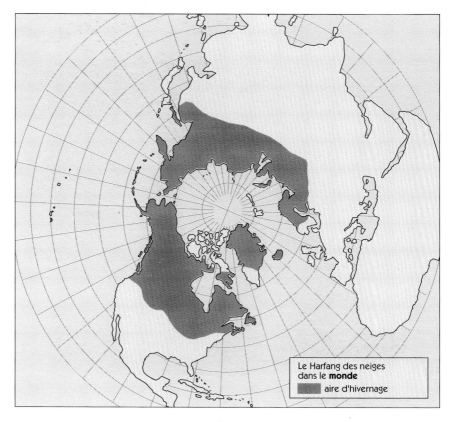

Le Harfang des neiges dans le **monde**
aire d'hivernage

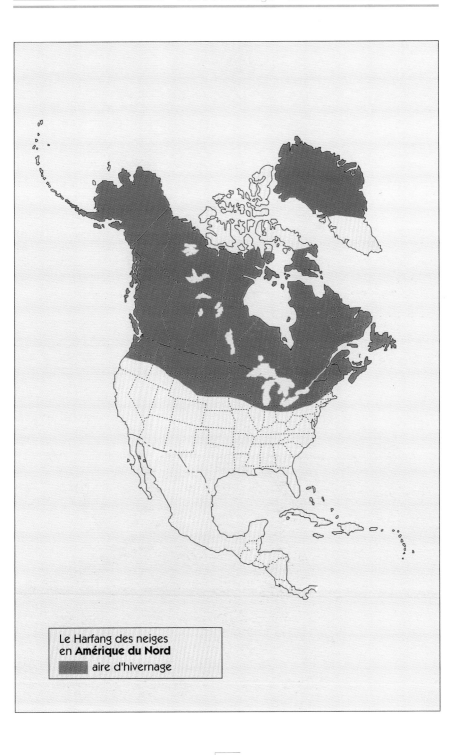

Le Harfang des neiges
en **Amérique du Nord**
aire d'hivernage

En Eurasie

En Eurasie, la majorité de la population se disperse au sud de son aire de reproduction, tout en demeurant généralement au nord du soixantième degré de latitude nord. Cependant, à intervalles irréguliers, des oiseaux se rendent dans le nord de l'Europe (Écosse, Danemark, nord de l'Allemagne, Pologne), mais ne franchissent guère le cinquantième degré de latitude nord en Sibérie. De plus, il se rend régulièrement en Islande, en provenance du Groenland selon toute vraisemblance.

D'autres régions sont visitées par le harfang en de très rares occasions. Ainsi, en Extrême-Orient, il s'agit d'un visiteur très rare dans le nord du Japon (une ou deux présences au plus par année) et dans le nord de la Chine. On l'a aussi signalé de façon tout à fait exceptionnelle dans le nord du Pakistan, le nord-est de l'Iran, la plupart des pays européens, ainsi qu'aux Açores.

En Amérique

En Amérique du Nord, le harfang se rend régulièrement dans toutes les provinces canadiennes, ainsi que dans le nord de la plupart des États américains frontaliers. La régularité de sa présence ainsi que l'abondance des individus sont plus élevées dans le centre du continent (sud de l'Alberta, de la Saskatchewan et du Manitoba, ouest de l'Ontario, Montana, Dakota du Sud, Dakota du Nord, Minnesota, Wisconsin). Plus au sud, sa présence n'est signalée que de façon inusitée même si le harfang a déjà été rapporté dans tous les États américains, sauf la Floride, le Nouveau-Mexique et l'Arizona. Finalement, on l'a observé tout à fait exceptionnellement aux Bermudes.

Au Québec

Dans le sud du Québec, comme partout ailleurs en hiver, le harfang évite les régions boisées et fréquente avant tout les régions habitées, où il se cantonne dans les terres agricoles et les espaces découverts. On le retrouve donc surtout en Abitibi, autour du lac Saint-Jean, dans la vallée de l'Outaouais, dans la vallée du Saint-Laurent (du sud des Laurentides à la frontière américaine), ainsi que sur les rives de l'estuaire et sur les côtes de la Gaspésie.

Rarement rapporté en septembre, le harfang est observé régulièrement du mois d'octobre à la mi-avril, après quoi de rares présences sont signalées jusqu'à la fin de mai.

◆ Des incursions périodiques

L' IDÉE EST généralement répandue que le Harfang des neiges envahit à tous les quatre ans le sud du Canada et le nord des États-Unis en hiver. Cette affirmation remonte à une étude publiée en 1947 par A. O. Gross, dans laquelle l'auteur avait analysé les observations du harfang de la première moitié du siècle dans le nord-est de l'Amérique du Nord. On a habituellement expliqué ce phénomène par les variations cycliques de l'abondance des lemmings dans l'Arctique, la chute des populations des proies du harfang entraînant une migration importante de l'oiseau vers le sud.

En 1985, trois chercheurs canadiens ont étudié la question en analysant les résultats des Recensements d'oiseaux de Noël* de toute l'Amérique du Nord. Leur conclusion : à l'échelle du continent, le Harfang des neiges ne se déplace pas de façon cyclique vers le sud pour hiverner. Mais comme la plupart des généralisations, celle-ci appelle cependant des nuances.

Dans la Prairie

À strictement parler, un cycle est la répétition d'un phénomène de même intensité à intervalles réguliers. Mais selon les résultats publiés par ces chercheurs, l'abondance du harfang varie considérablement d'une région à l'autre à la fin de décembre.

Ainsi, dans les provinces de la Prairie (Manitoba, Saskatchewan, Alberta), le harfang est rapporté en moyenne dans trois fois plus de recensements d'oiseaux de Noël que dans le nord-est du continent, cette région incluant le Québec, les Maritimes et le nord-est des États-Unis (Figures 1 et 2). En outre, comme le montrent ces données, les creux et les sommets de la présence du harfang ne coïncident pas. Ce qui amène les auteurs à conclure que le harfang est un visiteur régulier en hiver dans la Prairie et qu'on ne peut justifier l'emploi du terme «cycliques» pour décrire les déplacements du harfang vers le sud.

---

* Les Recensements d'oiseaux de Noël (*Christmas Bird Counts*) sont un programme d'inventaires d'oiseaux tenus annuellement en Amérique du Nord dans plus de 1500 sites d'un diamètre de 15 milles.

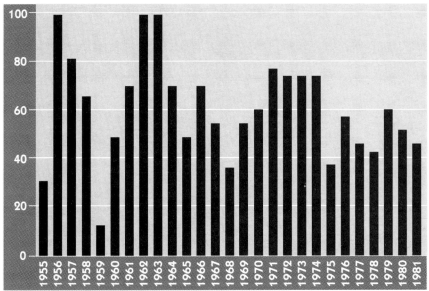

Figure 1. Proportion des Recensements d'oiseaux de Noël qui rapportent le Harfang des neiges comparativement au nombre total de recensements dans les provinces de la Praire (Manitoba, Saskatchewan et Alberta). (Données adaptées de Kerlinger *et al.* (1985)).

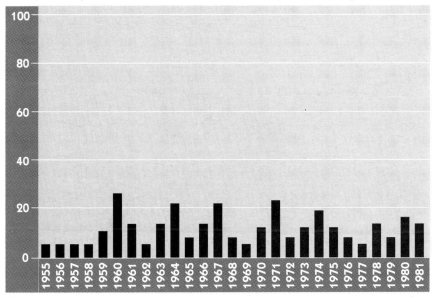

Figure 2. Proportion des Recensements d'oiseaux de Noël qui rapportent le Harfang des neiges comparativement au nombre total de recensements dans le nord-est de l'Amérique du Nord (Québec, Maritimes et nord-est des États-Unis). (Données adaptées de Kerlinger *et al.* (1985)).

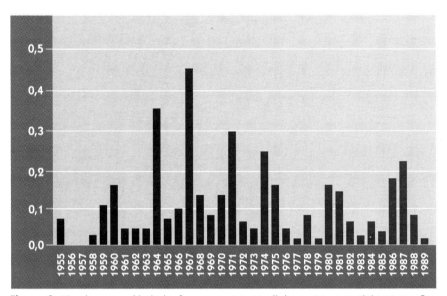

Figure 3. Nombre cumulé de harfangs par groupe d'observateurs participant aux Recensements des oiseaux de Noël de Hull-Ottawa, Hudson, Montréal et Québec. Les données sont obtenues durant le mois de décembre de l'année civile indiquée.

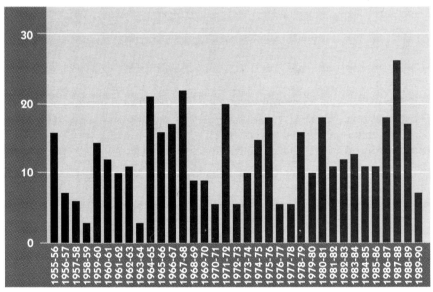

Figure 4. Proportion des localités où le harfang est signalé au moins une fois du 1er décembre au 31 mars sur le nombre total de localités où les observateurs ont noté des oiseaux. Données extraites du fichier ÉPOQ. Bien noter cependant qu'il faut comparer la valeur du recensement de Noël 1955 (Figure 3) avec la valeur pour l'hiver 1955-1956, et ainsi de suite.

S'il est impossible de parler, d'un strict point de vue statistique, de déplacements cycliques à l'échelle de l'Amérique du Nord, l'analyse des données du nord-est du continent montre cependant que l'abondance des harfangs y fluctue de façon périodique, mais indépendamment des variations enregistrées dans la Prairie. En fait, dans le nord-est du continent, des sommets d'abondance ont eu lieu entre autres en 1960, 1964, 1967, 1971, 1974, 1978 et 1981, donc à des intervalles successifs de quatre ou trois ans (Figure 2).

En décembre au Québec

Nous sommes donc en présence de phénomènes fort complexes, sinon contradictoires. Les données québécoises peuvent-elles nous renseigner davantage? Pour en savoir plus long, les résultats de quatre Recensements d'oiseaux de Noël tenus dans le sud du Québec ont été compilées: Hull-Ottawa, Hudson, Montréal et Québec. La Figure 3 illustre le nombre cumulé de harfangs rencontrés par groupe d'observateurs participant aux décomptes.

On constate sans difficulté une correspondance étonnante entre les données québécoises et celles compilées pour tout le nord-est du continent (Figure 2): des sommets d'abondance en décembre 1960, 1964, 1971, 1974, 1978 et 1981 et des creux en 1962, 1965, 1969, 1972, 1976 et 1979.

Mais étant donné que les Recensements d'oiseaux de Noël nous renseignent sur l'abondance du harfang au début de l'hiver, c'est-à-dire au début des déplacements vers le sud, se pourrait-il que ces variations ne soient pas reflétées par l'abondance des harfangs qui passent l'hiver dans la vallée du Saint-Laurent, puisqu'on sait que des harfangs se rendent hiverner dans le nord des États-Unis?

Des invasions périodiques au Québec

Lorsque le harfang se montre abondant en hiver dans le sud du Québec, on peut supposer que les observateurs l'auront noté dans un grand nombre de localités différentes, mais dans un petit nombre de localités durant les hivers de faible abondance. En utilisant les données de la base ÉPOQ*, on peut représenter le pourcentage des localités où le harfang a été noté au moins une fois durant chaque hiver (de décem-

---

* ÉPOQ (Étude des populations d'oiseaux du Québec) est le nom d'une base de données informatisée qui contient les observations d'oiseaux rapportées au Québec par les membres des clubs d'ornithologie depuis les années 1950. Elle est gérée par l'Association québécoise des groupes d'ornithologues.

bre à mars) par rapport au nombre total de localités où les observateurs ont rapporté des oiseaux. Les résultats apparaissent à la Figure 4.

On constate que les creux et les sommets de l'abondance pour l'hiver entier (Figure 4) correspondent au creux et aux sommets de l'abondance enregistrés en décembre, lors des Recensements d'oiseaux de Noël (Figure 3). Bien noter cependant qu'il faut comparer la valeur du recensement de Noël 1955 avec la valeur pour l'hiver 1955-1956 et ainsi de suite.

Les fluctuations des déplacements du harfang ne constituent peut-être pas des cycles proprement dits à la grandeur de l'Amérique du

Une répartition selon l'âge et le sexe

La complexité des fluctuations de l'abondance du harfang en hiver cache un autre phénomène important à connaître. On a en effet déterminé que la répartition des individus dans l'aire hivernale varie selon leur âge et leur sexe. Ainsi, de façon générale, les adultes prédominent sur les jeunes dans le nord de l'aire d'hivernage et les femelles adultes hivernent plus au nord que les mâles adultes. De plus, ce sont les jeunes mâles qui représentent l'immense majorité des oiseaux qui se rendent le plus loin au sud.

Évidemment, la répartition étagée des harfangs —les femelles adultes surtout dans le nord, les mâles adultes et les jeunes femelles aux latitudes moyennes, les jeunes mâles enfin plus au sud— n'est pas exclusive. Au début de l'hiver par exemple, il arrive certainement que les répartitions des adultes et des jeunes mâles se chevauchent, avant que ces derniers ne se déplacent plus au sud.

Il faut bien comprendre aussi que les proportions des différents groupes dans une région donnée ne sont pas les mêmes d'une année à l'autre. Les hivers de forte abondance, qui suivaient généralement une rareté des proies survenant après une ou deux années de reproduction fructueuse chez le harfang, la proportion des jeunes par rapport aux adultes serait assez élevée. Par contre, lorsque les harfangs sont peu nombreux dans l'aire d'hivernage, la proportion des jeunes serait moindre.

En somme, pour le harfang comme pour ceux qui les observent, chaque hiver ne ressemble pas au précédent.

Nord. Il n'en demeure pas moins que les sommets d'abondance du harfang se sont produits à intervalles successifs de quatre et trois ans de 1960 à 1981 dans la vallée du Saint-Laurent comme dans le nord-est du continent (Figure 2).

◆ Le harfang
en hiver

L' ARRIVÉE DES harfangs dans les régions habitées du sud du Canada, habituellement en octobre, est un des nombreux signes annonciateurs de l'hiver qui va bientôt sévir pour plusieurs mois. Habitués aux conditions climatiques de l'Arctique, les harfangs ne quittent pour ainsi dire jamais le froid, le vent et la neige.

Ils sont cependant bien adaptés pour résister au froid de l'Arctique comme à celui des régions où ils hivernent régulièrement. En effet, un harfang est capable de maintenir une température corporelle variant de 38 à 40 °C, même si la température ambiante plonge à -40 ou -50 °C. La peau est protégée par un bon isolant formé d'une couche épaisse de duvet, lui-même recouvert par de nombreuses plumes légères. Ainsi, presque toutes les parties du corps sont protégées puisqu'il n'y a que les yeux, ainsi que l'extrémité du bec et des serres qui sont exposés à l'air ambiant.

Vivre dans de grands espaces

Avant l'établissement des colonisateurs européens en Amérique, lorsque le harfang venait hiverner dans ce qui est aujourd'hui le sud du Canada, il s'établissait dans des paysages qui rappelaient la toundra : de grands espaces herbeux et dépourvus d'arbres comme les marais et les prés côtiers, ainsi que les steppes de la Prairie, au centre du continent. Cette vaste région reçoit toujours la visite régulière du harfang en hiver, même si les immenses steppes ont largement été transformées par l'Homme, sans toutefois les rendre inhospitalières au harfang.

Le paysage du sud de l'Ontario et du Québec a lui aussi subi des modifications importantes. On a entre autres largement déboisé ces régions afin d'y pratiquer l'agriculture sur de grandes superficies. Ce faisant, on a créé de vastes espaces découverts susceptibles de répondre aux exigences écologiques du harfang qui, de nos jours, fréquente ces régions avec une certaine assiduité.

Lors de leur séjour dans les régions habitées, les harfangs ne passent donc pas inaperçus. Fréquentant des milieux ouverts riches en proies (jeunes friches, pâturages, prés humides), ils ont l'habitude de se poster en évidence : les piquets de clôture, les poteaux, les silos, les tas de fumier, les faîtes de grange ou les hautes branches des grands arbres isolés fournissent autant de postes d'où ils font le guet, à l'affût de proies.

La vue d'un harfang posé sur un édifice au centre-ville, ou perché au sommet d'un lampadaire dans le stationnement d'un centre commercial, a de quoi étonner le citadin. Ces apparitions se produisent de temps à autre mais ne font pas partie des habitudes régulières de l'oiseau. Il aura vite fait de chercher ailleurs un habitat qui correspond plus à son mode de vie.

Des territoires hivernaux

Alors que dans l'Arctique, au moment de la saison de reproduction, la défense du territoire relève du mâle, il en va tout autrement lorsque ces oiseaux se rendent dans les régions plus méridionales pour y passer l'hiver. En effet, dans la région de Calgary, où on a étudié la territorialité chez le harfang durant l'hiver, on a découvert que les mâles étaient plutôt nomades et qu'ils ne revendiquaient pas de territoire du-

rant cette saison. Tout au plus, a-t-on observé quelques mâles demeurant dans de petits secteurs pendant à peine deux semaines, avant de quitter pour se diriger ailleurs.

Ce sont plutôt les femelles, à cette latitude, qui manifestaient un comportement territorial. Bien que plusieurs d'entre elles, tout comme les mâles, ne séjournaient que brièvement dans un secteur particulier, d'autres, par contre défendaient énergiquement des territoires pour des périodes allant jusqu'à 80 jours, soit presque trois mois. Un tel comportement territorial chez les femelles a aussi été observé dans plusieurs régions de la Prairie, autant au Canada qu'aux États-Unis.

Des différences selon l'âge

Par ailleurs, on a également trouvé que la taille des territoires variait selon l'âge de la femelle. C'est ainsi qu'on a découvert que ceux des jeunes femelles étaient significativement plus grands que ceux des femelles adultes, soit 375 hectares en moyenne pour les plus jeunes, comparativement à 180 hectares pour les plus vieilles.

Comment explique-t-on de telles différences ? Il semble que le type d'habitat joue un rôle important dans la taille des territoires. Ainsi, on a trouvé une grande proportion de champs en chaume dans les territoires défendus par les femelles adultes, alors que ce type d'habitat était pratiquement absent dans ceux des plus jeunes.

Un tel choix d'habitat est quant à lui relié à la présence des proies puisque les petits rongeurs, qui forment l'essentiel du menu du harfang durant l'hiver, sont plus nombreux dans les champs en chaume. On a entre autres remarqué que ces petits mammifères étaient particulièrement présents en bordure de ce type de champs —soit dans les endroits non cultivés et les fossés— et qu'ils seraient repérés par les harfangs lorsqu'ils s'aventurent entre les tiges des plantes demeurées sur pied après la moisson.

Les harfangs tendent donc à choisir des habitats productifs lorsque vient le moment d'établir un territoire hivernal, dont la superficie est inversement proportionnelle à la densité des proies. Ainsi, les adultes défendent non seulement des territoires où la nourriture est abondante, mais aussi des endroits où les proies sont fortement concentrées. Ce faisant, ils diminuent par le fait même la dépense énergétique nécessaire autant à la défense du territoire qu'à la recherche de proies, puisque le secteur revendiqué est plus petit à parcourir.

Quant aux territoires des jeunes femelles, on y retrouve une plus grande proportion d'habitats moins riches en nourriture. Ils doivent donc être plus vastes pour contenir une quantité suffisante de proies afin de combler les besoins de l'oiseau durant l'hiver.

Tout ceci démontre que l'expérience tient une place importante lorsque les harfangs établissent un territoire d'hivernage. En effet, ils apprennent avec l'âge à reconnaître un territoire plus riche, dans lequel ils retrouveront une source de nourriture constante. Il n'est donc pas étonnant que certains harfangs reviennent au même endroit pendant quelques hivers consécutifs et que des sites particulièrement riches soient fréquentés assidûment sur plus de 20 ans.

Du sommet d'un perchoir ou en vol

Afin de scruter les moindres recoins de son territoire, le harfang demeure souvent perché de longues heures au même endroit. Dans une journée, il lui arrive même de passer jusqu'à 98 % de son temps perché.

En fait, bien qu'on pense qu'il chasse également la nuit, lorsqu'il se retrouve dans les régions habitées, le harfang est surtout actif au

Des boulettes de régurgitation

lever et au coucher du soleil. Au cours des deux premières et des deux dernières heures de la journée, on l'observe plus souvent en vol, à la poursuite d'une proie ou changeant fréquemment de perchoirs. Durant ces deux périodes d'activités, il préfère les perchoirs les plus élevés; il jouit ainsi d'une excellente vue sur les environs et repère plus facilement ses proies.

De telles périodes d'activité, en début et en fin de journée, correspondent à celles des principales proies du harfang dans le sud. Bien qu'elles soient surtout actives durant la nuit, les souris connaissent tout de même une période d'activité importante en début de soirée. C'est aussi le cas des campagnols qui eux, par contre, sont également actifs plus tôt dans la journée.

Lorsqu'il n'est pas en chasse, le harfang passe de longues heures sur un perchoir à nettoyer ses plumes et à se reposer, sans pour autant cesser de scruter les environs. Et souvent, il démontre une préférence pour un endroit précis où il revient très régulièrement. Un site qu'il n'est pas trop difficile de découvrir grâce à la présence des nombreuses boulettes de régurgitation qui jonchent souvent le sol à un tel endroit.

D'où viennent ces boulettes? Eh bien, comme d'autres prédateurs du même type, le harfang avale habituellement toute entière une proie de petite taille. La chair est ensuite digérée dans l'estomac tandis que la fourrure et les os sont réunis en une boulette qui est ensuite régurgitée. C'est d'ailleurs par l'analyse du contenu de ces boulettes de régurgitation que les chercheurs en arrivent à identifier les différentes composantes du régime alimentaire des oiseaux de proie.

Des petits rongeurs d'abord...

Pour le harfang, ce type d'analyse a permis de découvrir que, tout comme dans son aire de reproduction, les petits mammifères représentent les principales proies capturées durant l'hiver. Par contre, puisque les lemmings sont absents du sud du Canada et du nord des États-Unis, les harfangs doivent donc se nourrir de rongeurs différents.

Campagnols, souris et quelques musaraignes forment l'essentiel du menu des harfangs qui hivernent dans les régions habitées. On a de plus calculé qu'un oiseau consomme de six à dix rongeurs par jour, ce qui constitue une consommation totale pouvant atteindre jusqu'à 300 de ces petits mammifères en un seul mois.

...et toute une variété de proies

D'autres mammifères figurent également au menu hivernal du harfang. Il capture entre autres des spermophiles, des belettes et des rats musqués. Et, il lui arrive même, dans l'Ouest, de s'attaquer au Lièvre de Townsend, un gros lièvre d'un poids moyen de 3,4 kilogrammes. Une proie vraiment imposante.

En fait, le harfang s'adapte généralement aux conditions du milieu dans lequel il hiverne et son menu s'en trouve fort diversifié. Dans le sud-ouest de la Colombie-Britannique, les harfangs se nourrissent principalement d'oiseaux. Dans cette région, on a découvert que grèbes, canards et goélands comptaient pour plus de 90 % des proies capturées durant l'hiver.

De plus, on a déterminé qu'au moins onze espèces de canards, une dizaine d'alcidés et six espèces de goélands figuraient au menu hivernal du harfang. Il n'est pas rare non plus de l'observer pourchassant des Perdrix grise. Parmi les autres espèces d'oiseaux qui composent son régime alimentaire, on retrouve entre autres des foulques, des faisans, des oiseaux de rivage et des corneilles.

Jean-Jacques Audubon, le célèbre naturaliste américain, a même déjà observé un harfang à la pêche! Allongé au bord de l'eau, le harfang saisissait d'un geste vif avec ses serres les poissons qu'il apercevait sous la surface, consommant les plus petits sur place et emportant les plus gros un peu plus loin afin de les manger.

Un chasseur solitaire

Bien que le harfang soit généralement solitaire durant l'hiver, il est tout de même possible, au début du printemps, d'en observer plus d'un à un même endroit. Des petites bandes de cinq à quinze individus peuvent effectivement fréquenter, durant une courte période, des sites riches en nourriture. Autant d'escales sur la route qui les conduit vers les terres encore enneigées de l'Arctique.

◆ Le harfang
et l'Homme

L ONGTEMPS CONSIDÉRÉS en Amérique du Nord comme des espèces nuisibles, les oiseaux de proie ne jouissaient pas autrefois d'une protection légale. Il y a un peu plus de 100 ans, en 1889, la chasse aux faucons, aux éperviers et aux aigles était même permise durant toute l'année au Québec, tandis que pour les rapaces nocturnes, elle était interdite du 1er mars au 1er septembre, soit pendant la période de reproduction.

Au fil des ans, les lois ont cependant été modifiées afin de protéger certaines espèces d'oiseaux de proie. Mais ce n'est qu'en 1963, lors de la révision de la loi québécoise sur la faune, qu'une protection accrue a été accordée à ces oiseaux. En fait, la loi interdisait alors de chasser les oiseaux de proie (autant diurnes que nocturnes), sauf les

éperviers et le Grand-duc d'Amérique. Il faudra attendre encore une dizaine d'années, soit en 1972, avant que toutes ces espèces soient protégées légalement au Québec.

Le harfang et la loi

Au Québec, le Harfang des neiges, tout comme les autres oiseaux de proie, est protégé en vertu de la Loi sur la conservation et la mise en valeur de la faune. Celle-ci interdit à quiconque de déranger, de détruire ou d'endommager les oeufs ou le nid d'un animal. De plus, toujours selon cette loi, il est interdit de capturer ou d'abattre un harfang puisqu'il s'agit d'une espèce qu'il est interdit de chasser en tout temps sur le territoire québécois.

De plus, le Règlement sur les animaux en captivité, en vigueur depuis 1992 et adopté en vertu de la Loi sur la conservation et la mise en valeur de la faune, apporte certaines précisions quant à la protection légale accordée au harfang. Ce règlement stipule qu'il est non seule-

---

Les ennemis du harfang

Mis à part le Renard arctique, qui pille ses oeufs, ainsi que le Labbe pomarin, qui réussit parfois à le tuer, le harfang n'a pratiquement que l'Homme à redouter.

Dans les régions arctiques, les Inuits ne dédaignent pas se nourrir de harfangs au besoin. Dans l'ensemble de son aire d'hivernage, les collisions avec les automobiles, les fils électriques et d'autres objets représentent environ 65 % des causes de mortalité.

De plus, même si les harfangs sont relativement farouches, plusieurs deviennent encore la cible de francs-tireurs irréfléchis. Cette pratique, heureusement, n'a plus l'ampleur de jadis alors que des centaines d'oiseaux étaient apportés chez les taxidermistes pour être transformés en «trophées» empaillés, dont la plupart finissaient par être jetés aux rebuts quelque temps plus tard. Aujourd'hui, par contre, la simple possession d'un harfang empaillé est illégale.

La protection accordée au harfang (et aux autres oiseaux) par les lois contribue à réduire de beaucoup ces gestes insensés et inutiles. Malgré tout, lors de l'hiver 1991-1992, le tiers des 55 harfangs remis à l'Union québécoise de réhabilitation des oiseaux de proie (UQROP) pour y recevoir des soins avaient été blessés par des plombs de fusil.

Les amis du harfang

Au Québec, depuis le début de l'année 1987, il existe un réseau créé dans le but d'offrir tous les soins nécessaires aux oiseaux de proie blessés. Connu sous le nom d'Union québécoise de réhabilitation des oiseaux de proie (UQROP), il regroupe un ensemble de personnes et d'organismes dont le but commun vise à faciliter le transport de ces oiseaux, à leur prodiguer des soins et à les réhabiliter avant de les remettre en liberté.

Par l'entremise du Jardin zoologique du Québec et des agents de conservation de la faune, le ministère québécois du Loisir, de la Chasse et de la Pêche joue un rôle actif au sein de l'UQROP, notamment dans le transport des oiseaux de proie blessés vers une clinique spécialisée.

Voici la liste des organismes avec lesquels il est possible de communiquer lors de la découverte d'un oiseau de proie blessé.

- Le bureau du ministère du Loisir, de la Chasse et de la Pêche de votre région:
  - voir les pages bleues de l'annuaire téléphonique
  - les fins de semaine vous pouvez toujours communiquer, sans frais, avec S.O.S. Braconnage au 1-800-463-2191

- La Clinique des oiseaux de proie de la Faculté de médecine vétérinaire de l'Université de Montréal (Saint-Hyacinthe):
  - Dr Guy Fitzgerald
    (514) 773-8521 (poste 427)

- Le Jardin zoologique du Québec (Charlesbourg):
  - Dr Robert Patenaude
    (418) 622-0313

- La Société zoologique de Granby:
  - (514) 372-9113

- Le Centre de réhabilitation des oiseaux blessés de la Montérégie (Mont-Saint-Hilaire):
  - Annemarie Roth
    (514) 467-2375

- Le Biodôme de Montréal:
  - Montréal: (514) 868-3040

- La SPCA de votre région:
  - Montréal: (514) 735-2711
  - Québec: (418) 527-9104

- À Chicoutimi:
  - Dr Yves Dubord
    (418) 696-1700

- À Sherbrooke:
  - Francine Phaneuf
    (819) 565-2914

- À Gatineau:
  - Dr Andrée Lesage
    (819) 643-2868

ment interdit de garder cette espèce en captivité, mais on y ajoute que le Harfang des neiges, tout comme les autres oiseaux de proie, est maintenant considéré comme une espèce à «déclaration obligatoire».

Ceci signifie que quiconque trouve un harfang blessé ou mort, doit déclarer cette découverte —sans délai— à un agent de conservation de la faune. Dans le cas d'un oiseau mort, ce dernier pourra éventuellement faire l'objet d'une autopsie afin de déterminer les causes de la mort et acquérir ainsi des données sur les maladies affectant ces oiseaux.

Et les oiseaux blessés

Dans un tel contexte légal, que faire lorsqu'on trouve un harfang blessé? Comment lui venir en aide tout en demeurant dans la légalité? Tout d'abord, il faut s'assurer que l'oiseau est vraiment blessé car ce n'est pas parce qu'un harfang est observé au sol, en bordure d'une route, qu'il a nécessairement besoin d'aide.

Mais si l'oiseau semble effectivement blessé, il faut communiquer immédiatement la découverte à un agent de conservation de la faune; celui-ci indiquera la marche à suivre afin que l'oiseau soit acheminé à un centre de traitement, où il recevra les soins nécessaires à sa condition. Il faut se rappeler que le temps est le pire ennemi d'un oiseau blessé et qu'il faut communiquer avec les personnes compétentes dans les plus brefs délais. La Loi ne permet pas de garder ces oiseaux chez soi, sans compter qu'ils nécessitent des soins que seuls des spécialistes peuvent offrir.

◆ L'histoire
d'un emblème

L E TEXTE rédigé par Claude Simard, reproduit en page 9, résume de façon fort élégante les raisons qui ont justifié le choix du Harfang des neiges comme oiseau emblème du Québec. Il accompagnait un dossier soumis en 1983 au gouvernement québécois par le Club des ornithologues du Québec (COQ). Au nom de divers organismes et des observateurs d'oiseaux, le COQ proposait alors au gouvernement de désigner le Harfang des neiges comme oiseau emblème du Québec. Cette proposition venait couronner une longue série d'efforts.

C'est au printemps de 1979 que l'idée de proposer un oiseau emblème pour le Québec trouvait un écho favorable chez les membres du conseil d'administration du Club des ornithologues du Québec. Le conseil forma alors un comité de quatre administrateurs (Jean-Luc Desgranges, Yves Turcotte, Marcel Darveau et Claude Simard) dont l'objectif à long terme visait à proposer un oiseau dont le choix comme emblème rallierait sans difficulté la population québécoise.

Éveiller l'intérêt

La première tâche du comité fut de publier un message (*Feuille de contact,* Juin-juillet 1980) dans le but d'éveiller l'intérêt des membres du Club des ornithologues du Québec.

«Le bureau de direction du Club des ornithologues du Québec désire vous faire part de son intention de soumettre éventuellement au gouvernement un projet relatif à la désignation d'une espèce d'oiseau comme emblème officiel du Québec.

«Plusieurs nations et États du monde possèdent un tel symbole (pensons seulement au Coq gaulois et à l'Aigle américain...) et nous voulons combler le manque chez nous. La formation d'un comité chargé d'étudier la question est déjà en marche. Aussi nous demandons aux membres de nous faire part de leurs idées ainsi que les motifs justifiant leur choix.»

Le comité reçut plusieurs commentaires favorables et diverses suggestions de la part des membres du COQ. Dans un article publié dans le *Bulletin ornithologique* (Vol. 25, n° 1, p. 34), Yves Aubry, Normand David, Michel Gosselin et Jean Hardy suggérèrent de s'entendre d'abord sur les critères qui permettraient de proposer un choix entre diverses espèces. Selon les auteurs de cet article, cette façon de procéder aurait pour avantage d'offrir un point de départ commun, d'éliminer les discussions futiles et de permettre un choix relativement facile et accepté par tous.

On consulte les ornithologues

Fort de l'appui des membres du COQ, et à la lumière des suggestions qu'il avait reçues, le Comité de l'oiseau emblème dressa la liste des critères susceptibles de faciliter un choix logique et éclairé. En novembre 1980, le Comité soumit donc une liste de onze critères aux membres du COQ, ainsi qu'à ceux de la Société québécoise pour la protection des oiseaux, en leur demandant d'accorder une cote d'importance à chacun. Près de 150 personnes remplirent le questionnaire et leur vote permit de coter de 1 à 10 les critères soumis.

8,0 *Une espèce qui n'a pas déjà été choisie comme oiseau emblème par un État américain ou une province canadienne.*

7,7 *Une espèce présente au moins à une époque de l'année dans la majeure partie des régions habitées du Québec.*

7,3 *Une espèce dont le nom ne l'identifie pas à une entité géographique.*

7,3 *Une espèce facilement identifiable.*

6,7 *Une espèce bien connue du public en général.*

6,5 *Une espèce à laquelle le Québec n'aurait pas honte de s'identifier à cause de ses moeurs, de son nom, de son allure.*

6,2 *Une espèce qui fait partie de notre patrimoine culturel, historique, folklorique, littéraire ou autre.*

5,3 *Une espèce dont la majeure partie des effectifs se retrouvent au Québec au moins à un moment de l'année.*

5,2 *Une espèce présente au Québec toute l'année.*

4,4 *Une espèce non gibier.*

3,2 *Une espèce utile.*

Au cours de l'hiver 1980-1981, le Comité de l'oiseau emblème poursuivit ses travaux sans relâche. Compte tenu des indications qui se dégageaient des cotes d'importance accordées aux critères proposés, le Comité fut d'abord en mesure de dresser une liste de treize espèces qui répondaient aux quatre critères ayant obtenu les cotes les plus élevées. Dans ce processus, plusieurs espèces furent éliminées sans difficulté. Par exemple, le Huart à collier et la Gélinotte huppée ne répondent pas au premier critère, tandis que l'Oie des neiges et le Fou de Bassan ne répondent pas au deuxième.

Par la suite, le Comité étudia soigneusement ces treize espèces en rapport avec les autres critères et décida finalement de retenir les cinq espèces qui obtenaient les cotes les plus élevées. D'avril à septembre 1981, par le biais de leur publication respective, les membres du Club des ornithologues du Québec, de la Société québécoise de protection des oiseaux, du Club des ornithologues du Bas Saint-Laurent, du Club des ornithologues amateurs de Hull, du Club des ornithologues amateurs du Saguenay-Lac Saint-Jean et du Club des ornithologues de la Gaspésie furent donc appelés à exprimer leur choix entre les cinq espèces proposées.

En septembre 1981, le Comité de l'oiseau emblème fit connaître les résultats :

Harfang des neiges	116 votes
Bruant à gorge blanche	50 votes
Geai bleu	44 votes
Bruant des neiges	13 votes
Canard noir	3 votes

Avant la réception des bulletins de vote, le comité apprit que le Bruant à gorge blanche et le Geai bleu avaient été respectivement choisis comme oiseau emblème de la Nouvelle-Écosse et de l'Île-du-Prince-

Édouard. Mais puisque le Harfang des neiges reçut la majorité absolue des voix, le comité considéra que le vote était valide et que le harfang représentait le choix des ornithologues amateurs pour devenir l'oiseau emblème du Québec. Il faudra toutefois encore beaucoup d'efforts pour faire accepter à l'État l'idée d'adopter un oiseau emblème et pour le faire connaître à la population.

Vers la reconnaissance officielle

Au début de l'année 1982, le Comité de l'oiseau emblème se donna comme première tâche de soumettre ses travaux à l'approbation de différents organismes en leur demandant du même coup un appui officiel. Une trentaine d'organismes* ont répondu à l'appel du Comité et lui ont fait savoir qu'ils appuyaient sans réserve le choix du Harfang des neiges comme oiseau emblème du Québec.

Mais le départ de deux membres du comité initial et des obligations de toutes sortes ont temporairement interrompu l'action entreprise en 1982. En décembre de la même année cependant, le Comité de l'oiseau emblème, maintenant composé de trois administrateurs du Club des ornithologues du Québec (Anne Potvin, Marcel Darveau et Claude Simard), reprit les choses en main.

En août 1983, après avoir réuni toutes les pièces du dossier, le Comité soumit finalement au ministre des Communications du Québec la proposition officielle de faire du Harfang des neiges l'oiseau emblème du Québec. Même sans publicité orchestrée, le projet suscitait déjà l'enthousiasme de divers médias. Les articles parus dans différents magazines, de même que plusieurs mentions à la radio et à la télévision, confirmèrent déjà le soutien de la population au projet. Malheureusement le gouvernement ne donna pas suite à la proposition de faire du Harfang des neiges l'oiseau emblème du Québec.

Plus de quatre ans allaient s'écouler avant que le projet ne trouve sa conclusion. En 1987, l'occasion fut donnée au Club des ornithologues du Québec de présenter à nouveau le projet au gouvernement lorsqu'il fut connu que monsieur Clifford Lincoln, alors ministre de l'Environnement, était grandement sensibilisé à la question. Son intervention fut d'ailleurs décisive au sein du cabinet et, en décembre 1987, l'Assemblée nationale adopta la loi en vertu de laquelle le Harfang des neiges devenait l'oiseau emblème du Québec.

---

* Association des biologistes du Québec, Association des entomologistes du Québec, Association des professeurs de sciences du Québec, Association régionale des aquariophiles de Québec, Camp Marie-Victorin. Centre de Québec de la Société royale d'astronomie du Canada, Centre écologique de Port-au-Saumon, Club des jeunes écologistes, Clubs 4-H, Environnement Jeunesse, Fédération des sociétés d'histoire du Québec, Groupe d'animation en sciences naturelles du Québec, Jardin zoologique du Québec, Les Cercles des jeunes naturalistes, Ordre des ingénieurs forestiers du Québec, Société canadienne de protection des animaux, Société de biologie de Montréal, Société entomologique du Québec, Société historique de Québec, Société linnéenne du Québec, Société québécoise pour l'étude biologique du comportement, Société zoologique de la Mauricie, Société zoologique de Québec

Les oiseaux emblèmes au Canada et aux États-Unis

Canada

Terre-Neuve	Macareux moine
Ile-du-Prince-Édouard	Geai bleu
Nouvelle-Écosse	Bruant à gorge blanche*
Nouveau-Brunswick	Mésange à tête noire
Québec	Harfang des neiges
Ontario	Huart à collier
Manitoba	Chouette lapone
Saskatchewan	Gélinotte à queue fine
Alberta	Grand-duc d'Amérique
Colombie-Britannique	Geai de Steller
Yukon	Grand Corbeau
Territoires du Nord-Ouest	Faucon gerfaut

États-Unis

Alabama	Pic flamboyant
Alaska	Lagopède des saules
Arizona	Troglodyte des cactus
Arkansas	Moqueur polyglotte
Californie	Colin de Californie
Caroline du Nord	Cardinal rouge
Caroline du Sud	Moqueur polyglotte
Colorado	Bruant noir et blanc
Connecticut	Merle d'Amérique
Dakota du Nord	Sturnelle de l'Ouest
Dakota du Sud	Faisan à collier
Delaware	«Blue Hen Chicken»
District de Columbia	Grive des bois
Floride	Moqueur polyglotte

* Des démarches ont été entreprises pour remplacer le Bruant à gorge blanche par le Balbuzard comme oiseau emblème de la Nouvelle-Écosse.

Georgie	Moqueur roux
Hawaï	Bernache néné
Idaho	Merle-bleu azuré
Illinois	Cardinal rouge
Indiana	Cardinal rouge
Iowa	Chardonneret jaune
Kansas	Sturnelle de l'Ouest
Kentucky	Cardinal rouge
Louisiane	Pélican brun
Maine	Mésange à tête noire
Maryland	Oriole du Nord
Massachusetts	Mésange à tête noire
Michigan	Merle d'Amérique
Minnesota	Huart à collier
Mississippi	Moqueur polyglotte
Missouri	Merle-bleu de l'Est
Montana	Sturnelle de l'Ouest
Nebraska	Sturnelle de l'Ouest
Nevada	Merle-bleu azuré
New Hampshire	Roselin pourpré
New Jersey	Chardonneret jaune
New York	Merle-bleu de l'Est
Nouveau Mexique	Grand Géocoucou
Ohio	Cardinal rouge
Oklahoma	Tyran à longue queue
Oregon	Sturnelle de l'Ouest
Pennsylvanie	Gélinotte huppée
Rhode Island	«Red Chicken»
Tennessee	Moqueur polyglotte
Texas	Moqueur polyglotte
Utah	Goéland de Californie
Vermont	Grive solitaire
Virginie	Cardinal rouge
Virginie de l'Ouest	Cardinal rouge
Washington	Chardonneret jaune
Wisconsin	Merle d'Amérique
Wyoming	Sturnelle de l'Ouest

RÉFÉRENCES CHOISIES

Les références inscrites ci-dessous constituent les titres les plus importants consacrés au Harfang des neiges. Les bibliographies contenues dans ces ouvrages offrent en outre une foule de références additionnelles, avant tout des articles publiées dans les revues scientifiques.

À la suite de ces références, une section particulière réunit les répertoires québécois traitant des meilleurs sites pour l'observation des oiseaux. On les consultera pour connaître les sites souvent fréquentés par le harfang en hiver.

BANFIELD, A. W. F. 1977. Les mammifères du Canada. 2e éd. Presses de l'Université Laval.

BOXALL, P. C. ET M. R. LEIN. 1982. Territoriality and Habitat Selection of Female Snowy Owls (Nyctea scandiaca) in Winter. Can. J. Zool. 60 : 2344-2350.

BOXALL, P. C. ET M. R. LEIN. 1989. Time Budgets and Activity of Wintering Snowy Owls. *J. Field Ornith.* 60: 20-29.

BURTON, J. A. 1973. Owls of the World. E.P. Dutton & Co., Inc.

CRAMP, S. (Ed). 1985. Handbook of the Birds of Europe, the Middle East and North Africa: The Birds of the Western Paleartic. Volume IV. Oxford University Press.

DUHAMEL, A. et L. GAUFREAU. 1983. Le Harfang des neiges, l'oiseau emblème du Québec. *Forêt Conservation* 49(9): 24-28.

GÉROUDET, P. 1984. Les rapaces diurnes et nocturnes d'Europe. Delachaux & Niestlé.

GODFREY, W. E. 1986. Les oiseaux du Canada. éd. rév. Musée des sciences naturelles, Musées nationaux du Canada.

GROSS, A. O. 1947. Cyclic invasions of the Snowy Owl and the Migration of 1945-1946. *Auk* 64 : 584-601.

JOHNSGARD, P. A. 1988. North American Owls. Biology and Natural History. Smithsonian Institution Press.

JOSEPHSON, B. 1980. Aging and Sexing Snowy Owls. *J. Field Ornith.* 51 : 149-160.

KERLINGER, P., M. R. LEIN ET B. J. SEVICK. 1985. Distribution and Population Fluctuations of Wintering Snowy Owls (*Nyctea scandiaca*) in North America. Can. J. Zool. 63 : 1829-1834.

Kerlinger, P. et M. R. Lein. 1986. Differences in Winter Range among Age-Sex Classes of Snowy Owls *Nyctea Scandiaca* in North America. Ornis Scandiac. 17 : 1-17.

Kerlinger, P. et M. R. Lein. 1988. Population Ecology of Snowy Owls During Winter on the Great Plains of North America. *Condor* 90 : 866-874.

Parmelee, D. 1992. Snowy Owl. *In* The Birds of North America, No 10 (A. Poole, P. Stettenheim et F. Gill, Ed). The Academy of Natural Sciences; The American Ornithologists' Union.

Taylor, P. S. 1973. Breeding Behavior of the Snowy Owl. *Living Bird* 12 : 137-154.

Voos, K. H. 1989. Owls of the Northern Hemisphere. MIT Press.

Weir, R. D. 1980. Le Harfang des neiges. Service canadien de la faune. La faune de l'arrière pays.

GUIDES DES SITES ORNITHOLOGIQUES QUÉBÉCOIS

Bannon, Pierre. 1991. Où et quand observer les oiseaux dans la région de Montréal. Société québécoise de protection des oiseaux et Centre de conservation de la faune ailée de Montréal.

Club des ornithologues de l'Outaouais. 1985. Guide d'observation des oiseaux de l'Outaouais (Québec). Club des ornithologues de l'Outaouais

Cyr, Gérard *et al.*1992. Guide des sites de la Côte-Nord. Club d'ornithologie de la Manicouagan.

David, Normand. 1990. Les meilleurs sites d'observation des oiseaux au Québec. Presses de l'Université du Québec/Québec Science Éditeur.

Fradette, Pierre. 1992. Les oiseaux des Îles-de-la-Madeleine: populations et sites d'observation. Attention Frag'îles.

Girard, Sylvie. 1988. Itinéraire ornithologique de la Gaspésie. Club des ornithologues de la Gaspésie.

Lepage, Denis. 1993. L'observation des oiseaux en Estrie. Les meilleurs sites, les périodes favorables. Société de loisir ornithologique de l'Estrie.

Otis, Pierre, Louis Messely et Denis Talbot. 1993. Guide des sites ornithologiques de la grande région de Québec. Club des ornithologues de Québec inc.

Société ornithologique du centre du Québec. 1988. L'observation des oiseaux au lac Saint-Pierre (Guide des sites). Société ornithologique du centre du Québec.

Crédits photographiques

Le harfang en 27 lignes

Ordre	Strigiformes
Famille	Strigidae
Nom latin	*Nyctea scandiaca*
Nom français	Harfang des neiges
Nom anglais	Snowy Owl
Longueur	De 56 cm (mâle) à 71 cm (femelle)
Envergure	Environ 1,4 mètre
Poids de la femelle	2280 grammes (moyenne)
Poids du mâle	1800 grammes (moyenne)
Longévité maximum connue	9 ans 5 mois (28 ans en captivité)
Type de couple	Généralement monogame
Type de nid	Dépression au sol
Construction du nid	Par la femelle seulement
Nombre de couvées	Une par année
Superficie du territoire de nidification	Variable (de 1,6 km^2 à 6,5 km^2)
Nombre d'oeufs	De 3 à 9 (parfois plus)
Longueur moyenne des oeufs	56 mm
Largeur moyenne des oeufs	45 mm
Durée de la ponte	Un oeuf aux deux jours
Incubation	Par la femelle seulement
Durée de l'incubation	32 jours par oeuf
Durée de l'incubation de la ponte	De 32 à 54 jours (1 à 11 oeufs)
Poids des jeunes à l'éclosion	45 grammes (en moyenne)
Durée du séjour des jeunes au nid	Environ 25 jours
Durée du séjour des jeunes hors du nid	Environ 25 jours
Age à l'envol	Environ 50 jours
Dépendance des jeunes après l'envol	Environ 15 à 25 jours

Du même éditeur

L'observation des oiseaux dans la région de Montréal
Carte/affiche, inventaire de 37 sites, de Daniel Coulombe

Nourriture préférée des oiseaux aux mangeoires
Tableau/affiche des nourritures

Les petits animaux sauvages autour de la maison, comment s'en accommoder
Livre de David Bird, 122 pages

Oiseaux près de chez soi et Oiseaux de mangeoires
Paire d'affiches en couleur, de Ghislain Caron

Oiseaux des forêts de feuillus et Oiseaux des forêts de conifères
Paire d'affiches en couleur, de Ghislain Caron

Plantes toxiques (sauvages)
Paire d'affiches en photos couleur,
avec la collaboration du Jardin botanique de Montréal

Oiseaux dans leur habitat et Oiseaux des champs
Paire d'affiches en couleur, de Ghislain Caron

Ordres d'insectes et Nos papillons
Paire d'affiches en photos couleur,
avec la participation de l'Insectarium de Montréal

Où et quand observer les oiseaux dans la région de Montréal
Livre de Pierre Bannon, 384 pages
coproduction avec la Société québécoise de protection des oiseaux

Les sons de nos forêts
Livre de 32 pages et cassette (ou disque compact) de 63 minutes,
de Lang Elliott et Ted Mack, narration de Pierre Verville
111 espèces animales, dont 93 oiseaux

Les oiseaux de nos jardins et de nos campagnes
Livre de 44 pages et cassette (ou disque compact) de 68 minutes,
de Lang Elliott, narration de Pierre Verville
51 espèces d'oiseaux

Le Harfang des neiges
Livre de Jean Paquin et Normand David, 108 pages

Imprimé à Saint-Jérôme par Imprimerie Laurentienne Ltée